किरण

UPSC

संघ लोक सेवा आयोग

मैथिली साहित्य

Civil Services (Main) Exam
Unsolved Question Papers
2006-2020

Up-To-Date

AF518845

KIRAN INSTITUTE OF CAREER EXCELLENCE (KICX), DELHI
RU-67, Pitampura, Delhi-110034, Ph. : 9821874015, 9821643815
www.kicx.in

Delhi : RU-67,
Opposite Power House,
Pitampura, Delhi-110034,
Ph. : 9821874015,
9821643815
www.kiranprakashan.com

NEW EDITION

Price : **Rs. 99.00** *(Ninety Nine Only)*
Compiled by : **Think Tank of PRATIYOGITA KIRAN, KIRAN PRAKASHAN & KICX**
Assistance : **• Sanket Sah • Achal Gupta**
Design & Layout by : **KICX COMPUTER SECTION,** New Delhi.
Printed at : **MAA LAXMI PRINTER,**
Plot No. 2-A, Khasra No. 20/20, Begumpur Extn. Delhi-110086

Contents

■■■

SYLLABUS

MAITHILI - PAPER I

History of Maithili Language and its Literature

(Answer must to be written in Maithili)

Part A

History of Maithili Language

1. Place of Maithili in Indo–European language family.
2. Origin and development of Maithili language. (Sanskrit, Prakrit, Avhatt, Maithili)
3. Periodic division of Maithili Language. (Beginning, Middle era, Modern era)
4. Maithili and its different dialects.
5. Relationship between Maithili and other Eastern languages (Bengali, Asamese, Oriya)
6. Origin and development of Tirhuta Script.
7. Pronouns and Verbs in Maithili Language.

Part B

History of Maithili Literature

1. Background of Maithili Literature (Religious, economic, social, cultural).
2. Periodic division of Maithili literature.
3. Pre–Vidyapati Literature.
4. Vidyapati and his tradition.
5. Medieval Maithili Drama (Kirtaniya Natak, Ankia Nat, Maithili dramas written in Nepal .
6. Maithili Folk Literature (Folk Tales, Folk Drama, Folk Stories, Folk Songs).
7. Development of different literary forms in modern era
   - (a) Prabandh–kavya
   - (b) Muktak–kavya
   - (c) Novel
   - (d) Short Story

(e) Drama

(f) Essay

(g) Criticism

(h) Memoirs

(i) Translation

8. Development of Maithili Magazines and Journals

PAPER II

(Answer must to be written in Maithili)

The paper will require first–hand reading of the prescribed texts and will test the critical ability of the candidates.

Part A

1. Vidyapati Geet–Shati – Publisher : Sahitya Akademi, New Delhi (Lyrics – 1 to 50)
2. Govind Das Bhajanavali–Publisher : Maithili Acadamy, Patna (Lyrics–1 to 25)
3. Krishnajanm – Manbodh
4. Mithilabhasha Ramayana–Chanda Jha (only Sunder–Kand)
5. Rameshwar Charit Mithila Ramayan–Lal Das (only Bal–kand)
6. Keechak–Vadh – Tantra Nath Jha.
7. Datta–Vati–Surendra Jha 'Suman' {only 1st and 2nd Cantos}.
8. Chitra–Yatri
9. Samakaleen Maithili Kavita – Publisher : Sahitaya Akademi, New Delhi

Part B

10. Varna Ratnakar–Jyotirishwar (only 2nd Kallol)
11. Khattar Kakak Tarang–Hari Mohan Jha
12. Lorik–Vijaya–Manipadma
13. Prithvi Putra–Lalit
14. Bhaphait Chahak Jinagi – Sudhanshu 'Shekhar' Choudhary
15. Kriti Rajkamlak – Publisher : Maithili Acadamy, Patna (First Ten Stories only)
16. Katha–Sangrah–Publisher : Maithili Acadamy, Patna

■■■

Civil Services Mains Exam - 2020

मैथिली (साहित्य) प्रश्नपत्र - 1

निर्धारित समय : तीन घंटे **अधिकतम अंक : 250**

प्रश्न-पत्र विषयक विशेष निर्देश

प्रश्नक उत्तर लिखबाक पूर्व कृपया निम्नलिखित निर्देशकेँ सावधानीपूर्वक पढ़ि लियऽ

- एतय दू खण्ड (Section)मे विभक्त कुल आठ प्रश्न अछि।
- अभ्यर्थी कुल पाँच प्रश्नक उत्तर देथि।
- प्रश्न संख्या 1 तथा प्रश्न संख्या 5 अनिवार्य अछि। शेष प्रश्नमेसँ तीन प्रश्नक उत्तर लिखू, जाहिमे प्रत्येक खण्ड (Section)सँ कम-सँ-कम एक प्रश्नक चयन आवश्यक अछि।
- प्रश्न/खण्डक निर्धारित अंक ओकरा समक्ष निर्दिष्ट कयल गेल अछि।
- उत्तर मैथिलीमे लिखब अनिवार्य अछि।
- जतय निर्दिष्ट हो, शब्द-सीमाक अनुपालन अपेक्षित अछि।
- उत्तरित प्रश्नक गणना क्रमानुसार कयल जायत। यदि काटल नहि गेल हो, तँ अंशत: लिखित उत्तरोकेँ गणना कयल जायत। प्रश्न-सह-उत्तर पुस्तिकाक कोनो रिक्त-पृष्ठ अथवा कोनो पृष्ठक रिक्त भागकेँ अवश्य काटि दी।

खण्ड A
SECTION A

1. निम्नलिखित विषय पर टिप्पणी लिखू (लगभग 150 शब्द तक): 10×5=50

(a) तिरहुता लिपिक विकासक प्रक्रिया

(b) मैथिली ओ आसामी भाषाक परस्पर सम्बन्ध

(c) सोदाहरण सर्वनामक परिभाषा

(d) मैथिली भाषाक विकासमे अवहट्ठक योगदान

(e) आर्य भाषा परिवार

2. **(a)** भारोपीय भाषा परिवारमे मैथिली भाषाक स्थान निरूपित करू। 20

(b) वर्तमान मैथिली भाषाक 'स्वरूप' ओ 'विकासक प्रक्रिया'क व्याख्या करू। 15

(c) मागधी भाषाक महत्व पर प्रकाश दिअ। 15

3. **(a)** मैथिली भाषा 'आदिकाल' आ 'मध्यकाल'क प्रसंग विस्तारसँ विचार करू। 20

(b) 'योगात्मक' आ 'अयोगात्मक' भाषा आकृतिमूलक भाषाक भेद अछि-स्पष्ट करैत उपादेयता पर चर्चा करू। 15

(c) मैथिली भाषाक विशेषताक विस्तृत विवेचना करू। 15

4. (a) 'भाषा' आ 'बोली'मे अन्तर स्पष्ट करू। 20

(b) 'मैथिली भाषाक प्राचीनता' पर स्पष्ट मंतव्यक संग अपन विचार प्रस्तुत करू। 15

(c) 'मध्यकालीन मैथिलीक उपभाषा' सभक विस्तृत विवरण प्रस्तुत करू। 15

खण्ड B

SECTION B

5. निम्नलिखित विषय पर टिप्पणी लिखू (लगभग 150 शब्द तक): 10×5=50

(a) चर्यापद

(b) सामा चकेवा

(c) मिथिला मिहिर

(d) मैथिलीक लोक-साहित्य

(e) चन्दा झा

6. (a) 'मैथिली नाटकक विकास'मे 'नेपाल'क योगदानक चर्चा करू। 20

(b) मैथिली साहित्यक विकासमे 'मिथिलाक सामाजिक आ आर्थिक व्यवस्था' प्रमुख रहल अछि-प्रमाणित करू। 15

(c) मैथिली साहित्यक उद्‌गम ओ विकास, लोक-साहित्यक रूपमे भेल अछि-प्रमाणित करू। 15

7. (a) विद्यापतिक गीतक रोचकता आ स्वाभाविकता समाजकेँ आकर्षित कएल. क-प्रमाणित करू। 20

(b) राजकमलक रचना सामाजिक यथार्थ पर आधारित अछि- अपन मंतव्य दैत प्रमाणित करू। 15

(c) मैथिली कथा साहित्यमे शोषित-दलितक प्रवेशसँ साहित्यक रोचकता बढ़ि गेल अछि- प्रमाणित करू। 15

8. (a) मैथिली गद्यक विकासमे पत्र-पत्रिकाक योगदान पर चर्चा करू। 20

(b) नव कविताक विकासक रूपरेखा प्रस्तुत करू। 15

(c) मध्यकालीन मैथिली नाट्य साहित्यक समीक्षात्मक विवरण उपस्थापित करू। 15

Civil Services Mains Exam - 2020

मैथिली (साहित्य) प्रश्नपत्र - 2

निर्धारित समय : तीन घंटे **अधिकतम अंक : 250**

प्रश्न-पत्र स्पष्ट निर्देश

प्रश्नक उत्तर लिखबासँ पूर्व कृपया निम्नलिखित निर्देशकेँ सावधानीपूर्वक पढ़ि लिअ:

- एतय दू खण्ड (Section) मे विभक्त कुल आठ प्रश्न अछि।
- अभ्यर्थी कुल पाँच प्रश्नक उत्तर देथि।
- प्रश्न संख्या 1 तथा प्रश्न संख्या 5 अनिवार्य अछि। शेष प्रश्नमेसँ तीन प्रश्नक उत्तर लिखू, जाहिमे प्रत्येक खण्ड (Section) सँ कमसँ कम एक प्रश्नक चयन आवश्यक अछि।
- प्रश्न/खण्डक निर्धारित अंक ओकरा समक्ष निर्दिष्ट कयल गेल अछि।
- उत्तर मैथिली (देवनागरी लिपि) मे लिखब अनिवार्य अछि।
- जतय निर्दिष्ट हो, शब्द-सीमाक अनुपालन अपेक्षित अछि।
- उत्तरित प्रश्नक गणना क्रमानुसार कयल जायत। यदि काटल नहि गेल हो तँ अंशत: लिखित उत्तरक गणना सेहो कयल जायत। प्रश्न-सह-उत्तर पुस्तिकाक कोनो रिक्त-पृष्ठ अथवा कोनो पृष्ठक रिक्त भागकेँ अवश्य काटि दी।

खण्ड A
SECTION A

1. प्रत्येक प्रश्न अनिवार्य अछि। काव्य-वैशिष्ट्यकेँ निर्द्रिष्ट करैत निम्नलिखित अवतरण ाक सप्रसंग व्याख्या करू, जाहिमे भाव स्पष्ट रहय। (उत्तर अधिकतम 150 शब्दमे दातव्य) 10×5=50

(a) आवश्यकताक अनेक महारथीक प्रहार
सहित-सहि कऽ जीवन-अभिमन्यु लेल पराभूत
इच्छाक उत्तरा विधवा भऽ गेलि
आ भविष्यक परीक्षित गर्भस्थ औना रहल
दु:शासन-जीविकाक हाथेँ सखि, द्रौपदीक
चीर जकाँ, विरहक दिन बढ़ले अछि जा रहल। 10

(b) "देवी, विषम-विषमय नागिनि हिअ मोर
दंशल, अछि सन्तप्त विकल मम-प्राण
औषध विषक ओएह, विष अछि जग एक,

पुनि-पुनि नागिनि-दँशहिँ बाँचत प्राण।
नागिनि थिक तुअ पोसल दूध पिआए।"
व्यङ्गक-कथा सुनि अनुजक विस्मित-चित्त। 10

(c) कतहु शारदा पुस्तक-हस्ता राजित वीणा पाणि।
गणपति प्रतिमा वर अंकुश पर लिखइछ अर्थ प्रमाणि।।
सुर-पूजित वाचस्पति बाँचथि कतहु रीति मद वेद।
कतहु भार्गवी विद्या सिखबथि शुक्र नीति कत भेद।।
कतहु व्यास-बाल्मीकिक प्रतिमा गोतम कपिल कणाद।
भरइछ अन्तेवासिक चितमे शुभ प्रेरणा प्रसाद।। 10

(d) अनुखन माधव माधव सुमिरिते।
सुन्दरि भेल मधाई।
ओ निज भाव सभावहि विसरल
ओ निज भाव सभावहि विसरल
आपन गुन लुबुधाई।।
माधव, अपरूप तो हारि सिनेह।
अपने विरह अपन तनु जर-जर
जिबइते भेल सन्देह।। 10

(e) नारायण अवतार राम त्रेता में हयता।
पिता-वचन सह-बन्धु जानकी सङ्गहि जयता।।
माया-सीता ततय मूढ़ दशकन्धर हरता।
बालि मारि सुग्रीव सङ्ग प्रभु मैत्री करता।
अहाँ काँ तनिकर दूत कपि, मारि मुका विकला करत।
कहलनि विधि शुनु लाङ्किनी, तरवन बुझव रावण मरत।। 10

2. **(a)** "दत्त-वती" अपन चिन्तनशीलताक कारणेँ एक प्रकारक राजनीतिक महाकाव्य थिक, जाहिमे दार्शनिकता ओ आध्यात्मिकताक काव्यात्मक अभिव्यक्ति भेल अछि - पठित अंशक आधार पर स्पष्ट करू। 20

(b) महाकवि मनबोधक "कृष्ण जन्म" मैथिली काव्य साहित्यक एकटा क्रान्तिकारी रचना थिक, से भाव बोधक दृष्टियेँ सेहो आ काव्य शिल्पक दृष्टियेँ सेहो' - कृष्ण जन्मक आधार पर एहि उक्तिक विश्लेषण करू। 15

(c) समसामयिकता, व्यंग्य प्रहार, छन्द विधान तथा मैथिलीक आत्मामे डूबल शब्द योजना यात्री जीक अपन विशेषता थिक - चित्राक पर एहि उक्तिक विवेचन करू। 15

3. (a) कथावस्तुक संतुलित विकास, मार्मिक काव्यात्मकता, छन्दक वैविध्य तथा लोक भाषाक चमत्कारिक प्रयोग "मिथिला भाषा रामायण"क वैशिष्टय थिक' – पठित अंशक आधार पर विवेचन करू। 20

(b) "रमेश्वर चरित मिथिला रामायण" मध्य सीताक चरित्रक प्रधानता अछि' – पठित अंशक आधार पर मूल्यांकन करू। 15

(c) मानवीय सम्वेदना, रागात्मिका वृति, कल्पनाक सूक्ष्मता तथा अभिव्यक्तिक चमत्कार विद्यापतिक काव्यक अंन्यतम विशेरूष्ता थिक' – 'गीत शती'क पठित अंशक आधार पर विश्लेषण करू। 15

4. (a) गोविन्ददासक प्रसंग "रसना रोचन श्रवण विलास"क गर्वोक्ति सार्थक ओ प्रासंगिक अछि – "गोविन्द दास भजनावली"क पठित अंशक आधार पर विवेचन करू। 20

(b) "कीचक बध" में प्राचीन ओ नवीन रीति शैलीक अद्‌भुत सामंजस्य तथा समन्वयन भेल अछि – एहि उक्तिक सार्थकताकेँ प्रमाणित करू। 15

(c) जीवनक प्रति स्वागत-भाव आधुनिक कविताक स्थायी भाव थिक – "समकालीन मैथिली कविता"क आधार पर विश्लेषण करू। 15

खण्ड B
SECTION B

5. निम्नलिखित अवतरणक सप्रसंग व्याख्या करू, जाहिमें भाव स्पष्ट रहय। (उत्तर अधिकतम 150 शब्दमे दातव्य) 10×5=50

(a) कामदेवक नगर अइसन शरीर। निष्कलङ्क चान्द अइसन मुह। कन्दल खञ्जरीट अइसन लोचन। यमुनाक तरङ्ग अइसन भञुह। साँकरक शलाका अइसन नाक। सोनाक सीप अइसन कान। अन्धकार-लता अइसन विरनी। पाकल विंव अइसन अधर। सहजँ दालिव फुटल अइसन दान्त। कामदेवक पाश अइसन वाह। 10

(b) पौरूष ककरोसँ उधार नहि लेल जा सकैछ, अपने पौरुष काज दैत छैक अपना। जहिया बाबू कुँवर सिंह अंग्रेजक विरुद्ध तरूआरि उठौलनि, चर्चिल अन्तिम बेर प्रधानमंत्रित्व स्वीकार कयलनि, राजाजी नवपाढीं केँ जन्म देलनि, कतेक वयस धलनि? विजय-पराजयक चिन्ता करब कापुरूषक जिम्मा। वीरताक वास्तविक साक्षी होइत अछि ओ भूमि जतय लड़ाइ लड़ल जाइन छैक। 10

(c) जँ आइ सभ नवयुवकक लक्ष्य नोकरियेटा भऽ गेलैए, तँ सभ तरि निराशाक वातावरण बनिगेल छैक। चाही ई जे नोकरियोकेँ एक साधन बूझल जाय। जेनाई संसार अनन्त अछि, तहिना साधनो असीमित छैक। मोनकेँ एके खुटासँ बन्हने रहब मनुकरवक मर्यादाकेँ ओ ओकर सामर्थ्यकेँ अपमान करब थिक। 10

(d) निम्न मध्यम वर्गक व्यक्ति छी, ऐश्वर्य आविलासक स्वप्न सभदिन साहित्य आ दर्शनसँ पूर होइत रहल अछि। अलेक्जेंडर डयूमाक उपन्याससँ सामन्ती जीवन व्यवस्थाक आनन्द भेटल अछि, शरच्चन्द्रक उपन्याससँ राजलक्ष्मी आ सावित्री आ किरणमयी आ वन्दना आ कमल सन नारीक संगतिक आनन्द! वास्तविक जीवनमे एहन आनन्द कत'पायब? राजलक्ष्मी सन नारीक सिनेह कत'भेटत? 10

(e) केहन फुलायल रहै बेनी पहिने, इजोरिया सन। मुँह क गोरका चक्का थलकमल सन विहुँसै। छोट-छोट आँखि उल्लासँ चक-चक करैत। ओहिमे सदति काकु-व्यंग्य आ बाल-सुलभ चंचलता भरल। से एतबे दिनमे जेगा गहन लागि गेल होइक। शोक सन्हिया गेलै। जेना तरे-तर जरि-पजरिक' सुड्डाह भेल जाइत हो। मुँह झामर, आँखि धसल-सुन्न। भरिदिन हेरायल - भोतिआयल सन। 10

6. (a) राजकमल मैथिली कथाक शब्द-शब्दमे नवीनता ओ प्रयोग धर्मिताक अद्‌भुत सामंजस्य अछि, जेहने भाव-वस्तुमे, तेहने अभिव्यक्ति शैलीमे - "कृति राज. कमलक" आधार पर एहि उक्तिक समीक्षा करू। 20

(b) "लोरिक विजय" सामाजिक संघर्षक अभिलेख थिक।" - एहि उक्तिक सार्थकता सिद्ध करू। 15

(c) पठित अंशक आधार पर "वर्णरत्नाकर"क नामकरणक औचित्यक मूल्यांकन करू। 15

7. (a) हरिमोहन झा व्यंग्यकेँ विधाक मान्यता प्रदान कर बैत, दार्शनिक चिन्तनक संगहि लेखकीय पाण्डित्यक परिचय देबामे पूर्ण सफल भेल छथि - "खट्टर ककाक तरंग"क आलोकमे एहि कथन पर विचार करू। 20

(b) नाट्य तत्वक निकष पर "भफाइत चाहक जिनगी" नाटकक मूलयांकन करू। 15

(c) मैथिली कथा साहित्य मध्य 'ललित' - 'राजकमल' ओ 'मायानन्द' त्रीमूर्तिक रूपमे स्थापित छथि - सयुक्ति विवेचन करू। 15

8. (a) ''ललित' नवीन शिल्प शैलीमे, सामाजिक जीवनस ठोस धरातल पर यथा. र्थवादी उपन्यास "पृथ्वी पुत्र"क रचना कऽ एकटा युगान्तर उपस्थित कयलनि अछि' - सयुक्ति विवेचन करू। 20

(b) 'मैथिली कथा साहित्यमे योगानन्द झाक "आम खयबाक मुँह" कथाक विशिष्ट स्थान अछि' - स्पष्ट करू। 15

(c) खट्टर कका स्वच्छन्द चिन्तन ओ बुद्धि विलासक प्रतीक थिकाह - एहि उक्तिकेँ पल्लवित करू। 15

■■

Civil Services Mains Exam - 2019

मैथिली (साहित्य) प्रश्नपत्र - 1

निर्धारित समय : तीन घंटे **अधिकतम अंक : 250**

प्रश्न-पत्र विषयक विशेष निर्देश

प्रश्नक उत्तर लिखबाक पूर्व कृपया निम्नलिखित निर्देशकेँ सावधानीपूर्वक पढ़ि लियऽ

- एतय दू खण्ड (Section)मे विभक्त कुल आठ प्रश्न अछि।
- अभ्यर्थी कुल पाँच प्रश्नक उत्तर देथि।
- प्रश्न संख्या 1 तथा प्रश्न संख्या 5 अनिवार्य अछि। शेष प्रश्नमेसँ तीन प्रश्नक उत्तर लिखू, जाहिमे प्रत्येक खण्ड (Section)सँ कम-सँ-कम एक प्रश्नक चयन आवश्यक अछि।
- प्रश्न/खण्डक निर्धारित अंक ओकरा समक्ष निर्दिष्ट कयल गेल अछि।
- उत्तर मैथिलीमे लिखब अनिवार्य अछि।
- जतय निर्दिष्ट हो, शब्द-सीमाक अनुपालन अपेक्षित अछि।
- उत्तरित प्रश्नक गणना क्रमानुसार कयल जायत। यदि काटल नहि गेल हो, तँ अंशतः लिखित उत्तरोकेँ गणना कयल जायत। प्रश्न-सह-उत्तर पुस्तिकाक कोनो रिक्त-पृष्ठ अथवा कोनो पृष्ठक रिक्त भागकेँ अवश्य काटि दी।

खण्ड-क

1. निम्नलिखित विषय पर टिप्पणी लिखू (लगभग 150 शब्द धरि): 10×5=50

(a) मैथिली भाषाक महत्त्व ओ वैशिष्ट्य

(b) पाणिनि ओ मैथिली व्याकरण

(c) प्राकृतक भेद ओ अपभ्रंशक विशेषता

(d) दीनबन्धु झाक व्याकरणक उपादेयता

(e) मैथिली भाषाक उद्‌गम पर प्रकाश

2. **(a)** भारतीय आर्यभाषाक विकासक्रमसँ परिचय कराउ। 20

(b) मध्यकालीन आर्यभाषाक विशेषताक विवेचन ओ विश्लेषण करू। 15

(c) नवीन भारतीय आर्यभाषा-मध्य मैथिलीक स्थान निरूपित करू। 15

3. **(a)** भाषा-विज्ञानक आकृतिमूलक वर्गीकरण करैत ओकर उपयोगिता सिद्ध करू। 20

(b) मैथिली भाषाक विकासमे अवहट्ठक महत्त्वक मूल्यांकन करू। 15

(c) तिरहुता लिपिक विकासक्रमक ऐतिहासिक विवरण ओ साहित्यिक महत्त्वक विश्लेषण करू। 15

4. (a) भाषा एवं बोलीमे अन्तर स्पष्ट करैत बोलीकें भाषा बनबाक कारणक उल्लेख करू। 20

(b) पूर्वांचलीय भाषा साहित्यमे मैथिली, बंगला ओ असमियाक साम्य ओ वैषम्यक विश्लेषण करू। 15

(c) मैथिलीक विभिन्न बोलीसँ परिचय कराउ। 15

खण्ड-ख

5. निम्नलिखित विषय पर टिप्पणी लिखू (लगभग 150 शब्द धरि): 10×5=50

(a) मैथिलीमे सिद्धसाहित्यक महत्त्व

(b) ज्योतिरीश्वरक काल निर्धारण

(c) मैथिली लोकगीत ओ लोकगाथा

(d) मैथिली साहित्यक विकासमे 'मिथिला मिहिर'क योगदान

(e) महाकवि विद्यापतिक लोकप्रियताक कारण

6. (a) मैथिली साहित्यक पृष्ठभूमिमे मिथिलाक सामाजिक ओ सांस्कृतिक जीवनसँ परिचय कराउ। 20

(b) कवीश्वर चन्दा झा ओ लालदासक रामायणक तुलनात्मक विवेचुन करू। 15

(c) "दत्तवती' महाकाव्य थिक" –सोदाहरण प्रमाणित करू। 15

7. (a) मैथिली साहित्यक काल-विभाजनक प्रसंग विभिन्न विद्वानक मतक समीक्षा करू। 20

(b) मिथिलाक मध्यकालीन नाटकक वैशिष्ट्य पर प्रकाश दिअ। 15

(c) मैथिलीक यात्रा साहित्यक स्थिति पर विचार करैत सुभद्र झाक योगदानक महत्त्व पर प्रकाश दिअ। 15

8. (a) नारी जागरणक पृष्ठभूमिमे रचित किछु प्रमुख मैथिली उपन्याससँ परिचय कराउ। 20

(b) आधुनिक मैथिलीक काव्यधाराक प्रमुख प्रवृत्तिसँ परिचय कराउ। 15

(c) मैथिली बाल-साहित्यक भूत-वर्तमान ओ भविष्यक प्रसंग पर तथ्यात्मक विचार प्रकट करू। 15

■■

Civil Services Mains Exam - 2019

मैथिली (साहित्य) प्रश्नपत्र - 2

निर्धारित समय : तीन घंटे **अधिकतम अंक : 250**

प्रश्न-पत्र स्पष्ट निर्देश

प्रश्नक उत्तर लिखबासँ पूर्व कृपया निम्नलिखित निर्देशकेँ सावधानीपूर्वक पढ़ि लिअ:

- एतय दू खण्ड (Section) मे विभक्त कुल आठ प्रश्न अछि।
- अभ्यर्थी कुल पाँच प्रश्नक उत्तर देथि।
- प्रश्न संख्या 1 तथा प्रश्न संख्या 5 अनिवार्य अछि। शेष प्रश्नमेसँ तीन प्रश्नक उत्तर लिखू, जाहिमे प्रत्येक खण्ड (Section) सँ कमसँ कम एक प्रश्नक चयन आवश्यक अछि।
- प्रश्न/खण्डक निर्धारित अंक ओकरा समक्ष निर्दिष्ट कयल गेल अछि।
- उत्तर मैथिली (देवनागरी लिपि) मे लिखब अनिवार्य अछि।
- जतय निर्दिष्ट हो, शब्द-सीमाक अनुपालन अपेक्षित अछि।
- उत्तरित प्रश्नक गणना क्रमानुसार कयल जायत। यदि काटल नहि गेल हो तँ अंशत: लिखित उत्तरक गणना सेहो कयल जायत। प्रश्न-सह-उत्तर पुस्तिकाक कोनो रिक्त-पृष्ठ अथवा कोनो पृष्ठक रिक्त भागकेँ अवश्य काटि दी।

खण्ड-क

1. प्रत्येक प्रश्न अनिवार्य अछि। काव्य-वैशिष्ट्यकेँ निर्दिष्ट करैत निम्नलिखित अवतरणक सप्रसंग व्याख्या करू, जाहिमे भाव स्पष्ट रहए। (उत्तर अधिकतम 150 शब्दमे दग्तव्य) 10×5=50

(a) आधक आध आध दिठि-अँचल जब धरि पेखल कान।
कत सत कोटि कुसुम-सरे जरजर रहत कि जाएत परान।। 10

(b) कवरी भये चामरी गिरि कन्दरे
मुख भये चान्द अकासे।
हरिनि नयन भये स्वरं भये कोकिल
गति-भये गज वनवासे। 10

(c) जाहि बेर जन्म महाप्रभु भेल
तखन अन्धार एहन गोट भेल
सुइ लय बेधिअ गाँथिअ ताग
हाथ छुबिअ तओँ हाथहिँ लाग। 10

(d) अन्न ने छैं, कैंचा ने छै, कौड़ी ने छै,
गरीबक नेना कोना पढ़तैक रे?
उठह कवि, ताँ दहक ललकारा कने,
गिरि-शिखर पर पथिक-दल चढ़तैक रे। 10

(e) हा रघुनाथ! अनाथ जकाँ, दशकण्ठ-पुरी हम आइलि छी
सिंहक त्रास महावनमे हरिणीक समान डराइलि छी
देवर-दोष कहू हम की, अपना अपराधसँ काइलि छी।। 10

2. **(a)** 'दत्त-वत्ती' महाकव्यमे भारतीय सामाजिक चिन्तन, राष्ट्रीय चेतना ओ सांस्कृतिक गरिमाक चित्रण भेल अछि - स्पष्ट करू। 20

(b) 'समकालीन मैथिली कविता' मे कविलोकनिक नव्यतम काव्य-चेतना प्रस्फुटित भेल अछि - विवेचन करू। 15

(c) 'कीचक-बध' मे संस्कृतक परम्परासँ भिन्न आधुनिक प्रणालीक अनुसरण कएल गेल अछि-मूल्यांकन करू। 15

3. **(a)** 'यात्री' जीक 'चित्रा' मे यथार्थवादी शैली, ग्राम्य-भाषा ओ मुक्त-वृत्तक प्रयोग भेल अछि - स्पष्ट करू। 20

(b) विद्यापतिक गीत सभमे श्रृंगारक उभय पक्ष - संयोग एवं वियोगक चित्र प्रस्तुत भेल अछि - 'विद्यापति गीतशती'क पठित अंशक आधार पर विवेचन करू। 15

(c) 'गोविन्ददास भजनावली'क पठित अंशक आधार पर प्रमाणित करू जे विद्यापतिक पश्चात् गोविन्ददासक मैथिली साहित्यमे सर्वोपरि स्थान अछि। 15

4. **(a)** 'मिथिलाभाषा रामायण'क सुन्दरकाण्डमे सीताक अन्तर्द्वन्द्वक स्वाभाविक चित्रण भेल अछि - विवेचन करूं। 20

(b) मैथिली साहित्यमे 'कृष्णजन्म'क ऐतिहासिक महत्त्व अछि - संयुक्ति विवेचन करू। 15

(c) 'रमेश्वर चरित मिथिला रामायाण'क पठित अंशक आधार पर लालदासक काव्य वैशिष्ट्य पर प्रकाश दिअ। 15

खण्ड-ख

5. निम्नलिखित अवतरणक सप्रसंग करू, जाहिमे भाव स्पष्ट रहए। (उत्तर अधिकतम 150 शब्दमे दातव्य) $10 \times 5 = 50$

(a) मैथिल चाह तँ ने पिबैए, मीठ पिबैए। कतबो चाहमे चीनी देने रहबै.....ऊपर सँ एक वा दू चम्मच आर चाही। एहनमे लोक बिकाइये जायत। केहन महगी छै आ चीनी कोना भेटै छै से बुझिते छिए।

(b) असलमे धरती जोतनिहारक थिक। हरबाहक थिक जे धरतीक असल बेटा थिक। जे अपन पसेनासँ धरती-माता केँ पूजै अछि। कय दिन देखलहक अछि मालिककेँ अपन पसेनासँ धरती-माताक पूजा करैत?

(c) अहाँक लिखल चारि पाँती चारि सय बेर पढ़लहुँ। तथापि तृप्ति नहि भेल। आचार्यक परीक्षा समीप अछि। किन्तु ग्रन्थमे कनेको चित्त नहि लगैत अछि। सदिखन अहींक मोहिनी मूर्ति आँखिमे नचैत रहै अछि।

(d) ...... जैह भेद रसगुल्ला ओ लड्डूमे छैक। रसगुल्ला सरस ओ कोमल होइछ, लड्डू शुष्क ओ कठोर। रसगुल्ला पूर्वक प्रतीक थीक लड्डू पश्चिमक। तैं हम कहैत छिऔह जे ककरो जातीय चरित्र बुझबाक हो त' ओकर प्रधान मधुर देखी।

(e) पूर्णिमा चान्द अमृत पूरल अइसन मुह। श्वेत पङ्कजकाँ दल भ्रमर वयिसल अइसन आँषि, काजरक कल्लोल अइसन भञुह।

6. (a) 'खट्टर ककाक तरंग' मे तरंगित जतेक उत्कृष्ट हास्य बूझि पड़ैत अछि ताहिसँ बेसी मिश्रण अछि व्यंगयक-सयुक्ति विवेचन करू। 20

(b) 'वर्णरत्नाकर'क द्वितीय कल्लोलमे वर्णित-विषय-वस्तु एवं ओकर महत्त्वकेँ स्पष्ट करू। 15

(c) 'पृथ्वीपुत्र' एक सामाजिक उपन्यास थिक जाहिमे जीवनक ओ चित्र उतरल अछि जे सत्य पर आधारित अछि - समीक्षा करू। 15

7. (a) 'लोरिक-विजय' उपन्यास अपराजेय पौरुषक लोककथा थिक, संगहि आध्या. त्मिक जीवन-दर्शक, शैव, बौद्ध, तन्त्र, इत्यादि सांस्कृतिक कथाक समावेश कएल गेल अछि - समीक्षा करू। 20

(b) 'भफाइत चाहक जिनगी' आदर्शवादी शिक्षित बेरोजगार नवयुवकक संघर्षपूर्ण जीवनगाथा अछि - स्पष्ट करू। 15

(c) मैथिली कथा साहित्यक विकासमे 'कृति राजकमल'क योगदान स्पष्ट करू। 15

8. (a) मैथिली कथा साहित्यमे 'मणिपद्म'क 'बालगोविन' कथाक विशिष्ट स्थान प्राप्त छैक - स्पष्ट करू। 20

(b) 'लोरिक-विजय' मे मिथिलाक माटि-पानि आ संस्कारक सम्पूर्ण सौन्दर्य ओ सौरभ उद्भाषित भए उठल अछि - एहि उक्तिक समीक्षा करैत 'लोरिक-विजय'क औपन्यासिक वैशिष्ट्य पर प्रकाश दिअ। 15

(c) राजकमलक कथा ने हुनक चारित्रिक विशेषता कोनहु ने कोनहु रूप मे अवश्य भेटत - एहि कथन पर विचार करू। 15

■■

Civil Services Mains Exam - 2018

मैथिली (साहित्य) प्रश्नपत्र - 1

निर्धारित समय : तीन घंटे **अधिकतम अंक : 250**

प्रश्न-पत्र विषयक विशेष निर्देश

प्रश्नक उत्तर लिखबाक पूर्व कृपया निम्नलिखित निर्देशकेँ सावधानीपूर्वक पढ़ि लियऽ

- एतय दू खण्ड (Section)मे विभक्त कुल आठ प्रश्न अछि।
- अभ्यर्थी कुल पाँच प्रश्नक उत्तर देथि।
- प्रश्न संख्या 1 तथा प्रश्न संख्या 5 अनिवार्य अछि। शेष प्रश्नमेसँ तीन प्रश्नक उत्तर लिखू, जाहिमे प्रत्येक खण्ड (Section)सँ कम-सँ-कम एक प्रश्नक चयन आवश्यक अछि।
- प्रश्न/खण्डक निर्धारित अंक ओकरा समक्ष निर्दिष्ट कयल गेल अछि।
- उत्तर मैथिलीमे लिखब अनिवार्य अछि।
- जतय निर्दिष्ट हो, शब्द-सीमाक अनुपालन अपेक्षित अछि।
- उत्तरित प्रश्नक गणना क्रमानुसार कयल जायत। यदि काटल नहि गेल हो, तँ अंशतः लिखित उत्तरोकेँ गणना कयल जायत। प्रश्न-सह-उत्तर पुस्तिकाक कोनो रिक्त-पृष्ठ अथवा कोनो पृष्ठक रिक्त भागकेँ अवश्य काटि दी।

खण्ड-क

1. निम्नलिखित विषय पर टिप्पणी लिखू (लगभग 150 शब्द धरि): 10×5=50

(a) फॉरमेशन ऑफ मैथिली लैंगवेज

(b) 'अर्थ-संकोच'क प्रकृति

(c) मैथिली एवं उड़ियाक पारस्परिक सम्बन्ध

(d) मागधी प्राकृत

(e) मिथिलाक्षरक महत्त्व

2. **(a)** भाषाक परिवर्तनशीलता पर विचार करू। 20

(b) भारोपीय भाषा-परिवारक परिचय दिअ। 15

(c) मैथिली सर्वनामक व्यापकता ओ वैशिष्ट्यक उल्लेख करू। 15

3. **(a)** भाषाक परिवारिक वर्गीकरण ओ ओकर वैशिष्ट्य पर प्रकाश दिअ। 20

(b) मैथिलीक कोनो पाँच गोट बोलीक उदाहरण-सहित परिचय दिअ। 15

(c) मैथिली भाषाक वैशिष्ट्य पर प्रकाश दिअ। 15

4. **(a)** मैथिली भाषाक क्षेत्रमे डॉ. ग्रियर्सनक की अवदान अछि, विवेचन करू। 20

(b) मैथिली व्याकरणक समृद्धिक दिशामे पण्डित गोविन्द झाक योगदान मूल्यांकन करू। 15

(c) भाषा-विज्ञानक ज्ञानक अन्य शास्त्रसँ सम्बन्ध स्थापित करू। 15

खण्ड-ख

5. निम्नलिखित विषय पर टिप्पणी लिखू (लगभग 150 शब्द धरिं): 10×5=50

(a) वर्णरत्नाकर

(b) शंकरदेव

(c) वैदेही

(d) जट-जटिन

(e) डाक-वचनावली

6. (a) मैथिली साहित्यक आदिकालक उपलब्ध सामग्रीसँ परिचय कराउ। 20

(b) आसामक 'अंकीयानाट' पर प्रकाश दिअ। 15

(c) मैथिली लोंकसाहित्यमे ब्रजकिशोर वर्मा 'मणिपद्म'क योगदान पर विचार प्रस्तुत करू। 15

7. (a) "विद्यापतिक प्रभाव मिथिलेधरि सीमित नहि रहल" - एहि उक्तिकेँ पल्लवित करू। 20

(b) मनमोहन झा 'करुण रस'क उद्‌गाता छलाह, प्रतिपादन करू। 15

(c) आधुनिक मैथिली उपन्यासक स्थिति पर प्रकाश दिअ। 15

8. (a) महाकाव्यक निकष पर मनबोधक 'कृष्णजन्म'क मूल्यांकन करू। 20

(b) 'सुंदर-संयोग' नाटकक वैशिष्ट्य पर प्रकाश दिअ। 15

(c) मैथिलीमे पत्र-पत्रिकाक स्थितिक विवेचन करू। 15

Civil Services Mains Exam - 2018

मैथिली (साहित्य) प्रश्नपत्र - 2

निर्धारित समय : तीन घंटे **अधिकतम अंक : 250**

प्रश्न-पत्र स्पष्ट निर्देश

प्रश्नक उत्तर लिखबासँ पूर्व कृपया निम्नलिखित निर्देशकेँ सावधानीपूर्वक पढ़ि लिअ:

- एतय दू खण्ड (Section) मे विभक्त कुल आठ प्रश्न अछि।
- अभ्यर्थी कुल पाँच प्रश्नक उत्तर देथि।
- प्रश्न संख्या 1 तथा प्रश्न संख्या 5 अनिवार्य अछि। शेष प्रश्नमेसँ तीन प्रश्नक उत्तर लिखू, जाहिमे प्रत्येक खण्ड (Section) सँ कमसँ कम एक प्रश्नक चयन आवश्यक अछि।
- प्रश्न/खण्डक निर्धारित अंक ओकरा समक्ष निर्दिष्ट कयल गेल अछि।
- उत्तर मैथिली (देवनागरी लिपि) मे लिखब अनिवार्य अछि।
- जतय निर्दिष्ट हो, शब्द-सीमाक अनुपालन अपेक्षित अछि।
- उत्तरित प्रश्नक गणना क्रमानुसार कयल जायत। यदि काटल नहि गेल हो तँ अंशतः लिखित उत्तरक गणना सेहो कयल जायत। प्रश्न-सह-उत्तर पुस्तिकाक कोनो रिक्त-पृष्ठ अथवा कोनो पृष्ठक रिक्त भागकेँ अवश्य काटि दी।

खण्ड-क

1. प्रत्येक प्रश्न अनिवार्य अछि। काव्य-वैशिष्ट्यकेँ निर्दिष्ट करैत निम्नलिखित अवतरणक सप्रसंग व्याख्या करू जाहिमे भाव स्पष्ट रहए।

(उत्तर अधिकतम 150 शब्दमे दातव्य) 10×5=50

(a) बाग्मति-कमला कोसिक धारा
जा धरि पृथिवी सागर जा धरि
जीवित रहब अहाँ तहिआ धरि
काए - बचनसँ अथवा मनसँ
हिंसा कएल न कोनो जीवक
कोटिक कोटि मनुक्खक हित लए
जिनगी अपन बिताओल गरीबक
दुख ककरो नहि देल कनेको
अपने विपति उठाओल अनेको
जिवितहिँ परसल कीर्ति भुवन भरि
तेना बहाओल शान्तिक सुरसरि।

(b) चाँद सार लए मुख घटना करू
लोचन चकित चकोरे।
अमिय धोए आँचरे जनि पोछल
दह दिस भेल उल उजोरे।।
कामिनि कोने गढ़ली।
रूप सरूप मोहि कहइते असम्भव
लोचन लागि रहली।।
गुरू नितम्ब भरे चले न पारए
माझ खीनिम निमाइ।
भांगि जाइति मनसिजे धरि राखलि
त्रिबलि लता अरूझाइ।।

(c) गान विशीद जानथि लयताल। कंठ मधुर स्वर सुखद विशाल।।
बालमिकी मुनि शिक्षा देल। रामचरित कंठे कय लेल।।
जखन करथि रामायण गान। वशीकरण सन मंत्र प्रमाण।।
सुनि सभजन हो प्रेम अधीन। मृगगण यथा विवश सुनि बीन।
पुलकित तन सुख हो नहि थोर। हृदय हरष दृग बरखय नोर।।
मुनिगण जप तप देलनि त्यागि। रामचरित सुनि भेला विरागि।।

(d) गुरूजन सरूचि समापि सकल अवकल जत शिक्षा।
ग्रन्थ-ग्रन्थि पुनि क्रिया-पन्थ, मुख-लेख परीक्षा।।
ज्ञान चरित सन्धान दक्षता सभक समीक्षा।
देखि सकल स्नातककेँ देलन्हि जीवन दीक्षा।।
सत्य ध्येय, शिव समाधेय, सौन्दर्य साधना।
जीवन काव्यादर्श प्रकृत रस गुण उपासना।।
साध्य-साधनक पावनता तन-मनक प्रवणता।
सत्य तथा श्रमसँ सभ अर्थक सिद्ध सफलता।।

(e) जूड़क-चूड़ मयूर-शिखण्डक, मंडित मालति-माले।
सौरभ उनमत भ्रमरि भ्रमर कत चौदिशि करत झंकारे।।
सजनि के कह काम अनग्ड।
केलि कदम्बतर से रति-नागर पेखल नटवर-भंग।।
कतहु विषमशर नयन-तूण भर संचर भौंह कमान।
नागरि-नारि मरम मह हानए लखएन पारए आन।।

2. **(a)** सामाजिक विषमता आ तकरा सँ उत्पन्न स्थितिक कुरूपता सहज आ सरल उपस्थापन यात्रीक कवितामे अनायासे देखल जा सकैछ - चित्राक आधार पर एहि उक्तिक प्रतिपादन करू। 20

(b) "समकालीन मैथिली कविता"क आधार पर कविवर मायानन्द मिश्रक काव्य-वैशिष्ट्य पर प्रकाश दिअ। 15

(c) राम-सीता सहित अयोध्या प्रस्थान एवं बालकाण्डक महिमा कथन कए लालदास एहि काण्डक समापन कएने छथि- रमेश्वर चरित मिथिला रामायणक आधार पर सयुक्ति विवेचन करू। 15

3. **(a)** "कीचक-वध" मे कवि वर्णनक प्रति विशेष मात्सर्य नहि देखा भावनात्मक क्रमबद्ध सुनियोजित एवं चारित्रिक विकास दिस अधिक उन्मुख भेल छथि- एहि उक्ति पर विचार करू। 20

(b) मनबोधक "कृष्णजन्म" अपन वर्णन-वैभव हेतु मैथिली-संस्कृतिक उन्मुक्त दस्तावेज थिक- विवेचन करू। 15

(c) "मिथिला भाषा रामायण"क सुन्दरकाण्डमे वर्णित हनुमानक साहस आ पराक्रमक सजीव चित्रण करू। 15

4. **(a)** "गोविन्ददास भजनावली"क सामग्री शृंगारक अछि परन्तु अपनाकेँ अलौकिक प्रणय-लीलाक साक्षी मानि गोविन्ददास अपन भक्त हृदयक परिचय दैत छथि' - एहि उक्तिक आलोकमे गोविन्ददासक भक्ति-भावनासँ परिचय कराउ। 20

(b) 'विद्यापति जनसाहित्यक निर्माण कएल, मानव हृदयक मूलभूत वासनाकेँ, नैसर्गिक भाव ओ भावावेशकेँ अत्यन्त सूक्ष्मतासँ यथावत चित्रण कएल' - पठित अंशक आधार पर उपर्युक्त कथनक समीक्षा करू। 15

(c) "दत्त-वत्ती" सुरेन्द्र झा 'सुमन'क जीवन-जगत ओ संस्कृति-दर्शन-सम्बन्धी विचारधाराक कवित्वमय आकर-ग्रन्थ थिक-सयुक्ति प्रतिपादन करू। 15

खण्ड-ख

5. निम्नलिखित अवतरणक सप्रसंग व्याख्या करू जाहिमे भाव स्पष्ट रहए। (उत्तर अधिकतम 150 शब्दमे दातव्य) 10×5=50

(a) आ सभसँ अन्तिम दृश्य छल लस्सा लागल कमचीमे फसल चिड़ैक, जे छटपट करैत छल, अहुरिया कटैत छल, मुदा ओहि फाँससँ छुटबाक कोनोटा रास्ता ओकरा सुझाइ नहि दैत छलैक। ओ जतेक छटपटा रहल छल, जतेक कूदि फानि रहल छल ततेक ओकर पाँखिसभ औरो फँसले जाइत छलैक, लभझायले जाइत छलैक। ओहि घड़ी ओकराने प्रियाक सौन्दर्य सोहाइ, ने किछु। हड़िघड़ी ओकरा अन्तरसँ आकुल-क्रन्दन उठैक, धू-धू करैत जकर भाफ अश्रुक रूपमें आँखिक मार्गसँ बहि रहल छलैक, ओकर अतीतक अकर्मण्यतारूपी पापकेँ बहाकऽ दूर ल' जयबाक हेतु। पश्चातापक धधकैत आगिमे अतीतक संचित विकार जरिक' सुड्डाह नहि भ' जाइत छैक की.....।

(b) कन्दलित तारूण्य अपगत बाल्य, उद्धत अभिलाष, अपगति लज्जा, जागरूक भाव, अंकुचित, एवम्विध नायिका, कुण्डल दुइ रत्नमण्डित त(क)रा कान कइसन देषु, जनि कामदेवकाँ रथँ चक्रदुइ जालल अछ, सोनाक डोरेँ मध्यभाग वाँधल कइसन देषु, जानि सौन्दर्यक तुलापुरूष काछल बाँन्धल अछि,

(c) ओ छथि पुरान लोक ...... पुरान मान्यतामे जिनिहार। ओ नोकरीकेँ प्रतिष्ठाक काज बुझैत छथि आ बनियाक काजकेँ नीच कर्म मानै छथि। हुनकर मान्यता पर हम किए आघात करियनि। हम जाहि संसारमे जीवि रहल छी, अपन अस्तित्वक लेल जेहन संघर्ष हमरा लोकनिकेँ करऽ पड़ि रहल अछि ताहिसँ ओ अपरिचित छथि। ओ अपन संसारमे रहथु, हम अपन संसारक आगिसँ हुनका किए झरकबियनु।

(d) पूर्णिमाक ओइ ज्योत्स्नामय सांझमे, कमलाक धार किछु दूर पर ओ लोकनि, एकटा कारी टिलहा केँ, भसिआइत चल अबैत देखलथिन्ह। हुनका लोकनिकेँ छगुन्ता लागि गेलन्हि जे ई पाथरक टिलहा कोना भसिआइत आबि रहल छैक। तखनहि, रंग-विरंगक वस्त्राभूषणसँ सुसज्जित नारी दल झमझम-खमखम करैत बरियाती वलासँ गुआ-पान मांगए लेल अषाढ़क घटा जकाँ उमड़ि आएल। एक सँ एक कठमस्त छलि ओ सभ। ओकरा सभहिक शरीर अपना-अपना साड़ीमे अंटियो नहि रहल छलैक।

(e) लोक कहैत अछि, पृथ्वी पर जतेक पाप होइत अछि, सभक एकमात्र कारण थिक इऐह वस्तु-उत्सुकता! उत्सुकता, पाप आ अपराध दुनू वस्तुक जननी! ...... हम सभ कोनो वस्तुक प्रति, ओकरा प्राप्त करबाक लेल ओहि वस्तुक सम्पूर्ण व्यक्तित्व केँ अपन बाँहिमे, अपन वक्षमे, अपन अनामा आँगुरमे सोनाक अनन्त जकाँ, नीलमणि औँठी जकाँ पहिरि लेबाक लेल उत्सुक होइत छी आ उताहुल होइत छी। आ तकरा बाद हमरा सभक जीवन आ जीवनक उद्देश्य आ विधेय बदलि जाइत अछि .....।

6. **(a)** "लोरिक विजय"क कथावस्तु अति-रोचक होइतहुँ एहिमे अतिशियोक्तिक अभिव्यंजना कएल गेल अछि' - एहि कथन पर विचार करू। 20

(b) उपन्यासकार ललित "पृथ्वीपुत्र"मे मानव स्वभावक नैसर्गिक प्रवृत्ति ओ भावनाकेँ जे प्रधानता देल अछि से हुनक स्वस्थ दृष्टिकोणक द्योतक थिक -समीक्षा करू। 15

(c) "खट्टर काकाक तरंग" मे वर्णित विषय विचारात्मक, सरस, मनोरंजनक एवं व्यंग्यक अत्यन्त स्पष्ट रूप परिलक्षित होइछ- स्पष्ट करू। 15

7. **(a)** "वर्णरत्नाकर" मे ज्योतिरीश्वर सर्वत्र प्रतीयमान चित्र देल अछि, त' कतौ-कतौ सम्भाव्य सेहो अछि, जाहि सँ वर्णनक आदर्श चित्रण प्रस्तुत भेल अछि- पठित अंशक आधार पर प्रमाणित करू। 20

(b) 'मधुरमनि' कथामे किरणजी श्रमजीवी वर्गक दाम्पत्य जीवनक अनुरागक हिलसगर कथा कहने छथि' - सिद्ध करू। 15

(c) मिथिलांचलक मध्यमवर्गक अभिजात्य छद्मक विद्रूप राजकमलक कथाक मूलतत्त्व कहल जा सकैत अछि- विवेचन करू। 15

8. (a) ललितक "पृथ्वीपुत्र नवीन शिल्पक एक एहन उपन्यास अछि जाहिमे स्वातन्त्र्योत्तर ग्रामीण समाजक परिवर्तनशील परिवेशक संघर्षशील कृषक-मजूरक निम्नवित्तीय स्थितिक कलात्मक चित्रण कएल गेल अछि-स्पष्ट करू। 20

(b) 'झगड़ा' संयोगाश्रित घटना प्रधान कथा अछि जकर उद्देश्य करुणा उत्पन्न करब थिक- एहिमे लेखककेँ प्रर्याप्त सफलता भेटल छनि- प्रमाणित करू। 15

(c) "भफाइत चाहक जिनगी"क नाटककार शिक्षित बेरोजगार युवकक माध्यमे समाजमे व्यापत जीवनक समस्या एवं संघर्षक चित्रणक संग परिस्थितिक अनुसार अपनाकेँ अनुकूल बना सकए तकर बुद्धिवादी सामंजस्य प्रस्तुत कएलनि अछि- एहि तथ्यक मूल्यांकन करू। 15

■■

Civil Services Mains Exam - 2017

मैथिली (साहित्य) प्रश्नपत्र - 1

निर्धारित समय : तीन घंटे **अधिकतम अंक : 250**

प्रश्न-पत्र विषयक विशेष निर्देश

प्रश्नक उत्तर लिखबाक पूर्व कृपया निम्नलिखित निर्देशकेँ सावधानीपूर्वक पढ़ि लियऽ

- एतय दू खण्ड (Section)मे विभक्त कुल आठ प्रश्न अछि।
- अभ्यर्थी कुल पाँच प्रश्नक उत्तर देथि।
- प्रश्न संख्या 1 तथा प्रश्न संख्या 5 अनिवार्य अछि। शेष प्रश्नमेसँ तीन प्रश्नक उत्तर लिखू, जाहिमे प्रत्येक खण्ड (Section)सँ कम-सँ-कम एक प्रश्नक चयन आवश्यक अछि।
- प्रश्न/खण्डक निर्धारित अंक ओकरा समक्ष निर्दिष्ट कयल गेल अछि।
- उत्तर मैथिलीमे लिखब अनिवार्य अछि।
- जतय निर्दिष्ट हो, शब्द-सीमाक अनुपालन अपेक्षित अछि।
- उत्तरित प्रश्नक गणना क्रमानुसार कयल जायत। यदि काटल नहि गेल हो, तँ अंशतः लिखित उत्तरोकेँ गणना कयल जायत। प्रश्न-सह-उत्तर पुस्तिकाक कोनो रिक्त-पृष्ठ अथवा कोनो पृष्ठक रिक्त भागकेँ अवश्य काटि दी।

खण्ड-क

1. निम्नलिखित विषय पर टिप्पणी लिखू (लगभग 150 शब्द धरि): 10×5=50

(a) लिग्वस्टिक सर्वे ऑफ इंडिया

(b) प्रयत्नलाघवक विलक्षणता

(c) मैथिली ओ बांगलाक पारस्परिक सम्बन्ध

(d) मैथिली भाषाक प्रमुख बोली

(e) राजेश्वर झाक भाषा-वैज्ञानिक कृति

2. **(a)** भाषोत्पत्तिक प्रमुख सिद्धान्तक विवेचन करू। 20

(b) मैथिली ओ असमिया भाषाक सम्बन्धक विवेचन करू। 15

(c) अर्धमागधीक महत्त्व पर प्रकाश दिअ। 15

3. **(a)** भाषाक आकृतिमूलक वर्गीकरण एवं ओकर विशेषताक मूल्यांकन करू। 20

(b) मागधीक विकासक्रमक समीक्षा करू। 15

(c) बोलीकेँ भाषा बनबाक प्रक्रिया पर प्रकाश दिअ। 15

4. **(a)** प्राचीन भारतीय आर्यभाषा ओ मैथिलीक सम्बन्धक विवेचन करू। 20

(b) मैथिली भाषा-विज्ञानक क्षेत्रमे सुभद्र झाक योगदानक समीक्षा करू। 15

(c) व्याकरणक दृष्टिसँ मैथिली भाषाक विशेषताक मूल्यांकन करू। 15

खण्ड-ख

5. निम्नलिखित विषय पर टिप्पणी लिखू (लगभग 150 शब्द धरि): 10×5=50

(a) प्राक् मैथिली साहित्य

(b) लोचन

(c) रामविजय

(d) लोकनाट्य

(e) मिथिलामोद

6. (a) मैथिली साहित्यक काल-विभाजनक प्रसंग विद्वानलोकनिक प्रमुख मतक समीक्षा करू। 20

(b) मध्यकालीन मैथिली नाटकक विकासमे 'कीर्त्तनिञा' नाटकक महत्त्व प्रतिपादित करू। 15

(c) मैथिलीक लोकगाथात्मक उपन्यास पर प्रकाश दिअ। 15

7. (a) विद्यापतिक व्यापक प्रभावक मुख्य कारण अछि हुनक बहुमुखी प्रतिभा- युक्तियुक्त प्रतिपादन करू। 20

(b) हरिमोहन झाक 'जीवन-यात्रा' मार्मिक संस्मरण प्रस्तुत करैत अछि- सयुक्ति विवेचन करू। 15

(c) मैथिली लघुकथाक मुख्य प्रवृत्ति पर प्रकाश दिअ। 15

8. (a) आधुनिक मैथिली कविताक पृष्ठभूमिक विवेचन करू। 20

(b) आधुनिक मैथिली नाटकक जनक झाकेँ कहल जाइत अछि- सयुक्ति विवेचन करू। 15

(c) मैथिली नाट्य साहित्यक संक्षिप्त परिचय दिअ। 15

Civil Services Mains Exam - 2017

मैथिली (साहित्य) प्रश्नपत्र - 2

निर्धारित समय : तीन घंटे **अधिकतम अंक : 250**

प्रश्न-पत्र स्पष्ट निर्देश

प्रश्नक उत्तर लिखबासँ पूर्व कृपया निम्नलिखित निर्देशकेँ सावधानीपूर्वक पढ़ि लिअः

- एतय दू खण्ड (Section) मे विभक्त कुल आठ प्रश्न अछि।
- अभ्यर्थी कुल पाँच प्रश्नक उत्तर देथि।
- प्रश्न संख्या 1 तथा प्रश्न संख्या 5 अनिवार्य अछि। शेष प्रश्नमेसँ तीन प्रश्नक उत्तर लिखू, जाहिमे प्रत्येक खण्ड (Section) सँ कमसँ कम एक प्रश्नक चयन आवश्यक अछि।
- प्रश्न/खण्डक निर्धारित अंक ओकरा समक्ष निर्दिष्ट कयल गेल अछि।
- उत्तर मैथिली (देवनागरी लिपि) मे लिखब अनिवार्य अछि।
- जतय निर्दिष्ट हो, शब्द-सीमाक अनुपालन अपेक्षित अछि।
- उत्तरित प्रश्नक गणना क्रमानुसार कयल जायत। यदि काटल नहि गेल हो तँ अंशतः लिखित उत्तरक गणना सेहो कयल जायत। प्रश्न-सह-उत्तर पुस्तिकाक कोनो रिक्त-पृष्ठ अथवा कोनो पृष्ठक रिक्त भागकेँ अवश्य काटि दी।

खण्ड-क

1. प्रत्येक प्रश्न अनिवार्य अछि। काव्य-वैशिष्ट्यकेँ निर्दिष्ट करैत निम्नलिखित अवतरणक सप्रसंग व्याख्या करू जाहिमे भाव स्पष्ट रहए।

(उत्तर अधिकतम 150 शब्दमे दातव्य) 10×5=50

(a) काजर-मिमिर-भरमे जसु तन-रूचि, निबसय कुंज-कुटीर।
बसि-निसास मधुर विष उगिरए, गति अति कुटिल सुधरी।।
सजनी, कान्ह से बरजु भुजग्ङ।
से मोर हृदय-चन्दन-रूह लागल भागल धरम-विहग्ङ।।
लोचन-कोर पडैते नव नागरि रहए न पारए धीर।
कुचित अरून अधर भरि पीबए कुलवति-बरत-समीर।।

(b) आगमने प्रेम गमने कुल जाएत
चिन्ता पक्ङ लागलि करिणी
मञे अबला दह दिस ममि झाखञो
जनिव्याध डरे भीरू हरिणी।।

चन्दा दुरजन गमन विरोधक
उगल गगन भरि बैरि मोरा।।
कुहु भरमे पथ पद आरोपल
आएं तुलाएल पञ्चदशी।

(c) देखि ककरहु पंकमग्न, सकी तँ उबारि दिऔ
कूपमे खसइतकेँ अपन बाँहि पकड़ाए दिऔ,
किन्तु कए काज ई बिसरि जाउ, बिसरि जाउ,
स्मृतिसँ मेटाए लिअ;
अन्यथा होएत तीव्र अनुताप।
गिरह बान्हि राखू, जे एतादृश लगानी करब
सूदिक कथा कोन मूरहुसँ हाथ धोउ।

(d) कविक कर्म थिक शशिकर-शीकर रसिक चकोरक प्राण।
दोषाकर बुझि मुद्रित दृग से पंकज स्वयं न आन।।
कविक कर्म थिक दिनकर करणे जगतक दृग-आलोक।
आतप वारण करथि छत्र धर अपनहि छाँखलोक।।
स्वातिक विन्दु पड़य शुक्तिक मुख मुक्ता झलकय अंग।
फणिक वदन कण पड़इछ, भरइछ दुर्वह गरल तरंग।।

(e) झमाझम बरसैत मूसलधार,
माघक ठार, चैतक तस;
सभ फूसि ओकरा हेतु।
लगाबथु ग केओ कतेको जोर
बाप पित्तीकेँ करथु ग सोर
मुदा रोइयाँ एकोटा ओकर
उपाड़ल नहि हेतन्हि ककरो बुतें।

2. (a) लालदासक रमेश्वरचरित मिथिला रामायणक बालकाण्डमे मिथिलाक विलक्षण संस्कृतिक मार्मिक चित्रण भेल अछि- युक्तियुक्त प्रतिपादन करू। 20

(b) "एहि प्रबुद्धयुगमे कोन प्रकारक कवि चाही? एहि प्रश्नक उत्तर यात्रीक चित्रामे संकलित कवितासभ दैत अछि"-एहि कथनक समीक्षा करू। 15

(c) मैथिलीक नव्यतम काव्य-चेतनाक कवि लोकनिक कविताक संग्रह 'समकालीन मैथिली कविता 'मे कयल गेल अछि- सयुक्ति विवेचन करू। 15

3. (a) "मैथिलीमे नव काव्य-परम्पराक प्रवर्त्तक मनबोध कृष्णा जन्ममे सर्वत्र ठेठ शब्दक ठाठ बान्हि लोकोक्ति सभक सटीक प्रयोग कय भाव एवं भाषा दुनूकेँ अत्यन्त

हृदयग्राही एवं प्रभावपूर्ण बना देने छथि"- एहि उक्ति पर विचार करू। 20

(b) 'मिथिला भाषा रामायण 'मे सुन्दरकाण्डक नामकरण पर विचार करैत कवीश्वर चन्दा झाक वर्णन-कौशल पर प्रकाश दिअ। 15

(c) "'कीचक बध 'मे प्राच्य एवं पाश्चात्य शैलीक मर्मस्पर्शी समन्वय भेल अछि"- एहि तर्कक मूल्यांकन करू। 15

4. (a) "भावक कोमलता, शब्दक लालित्य, लय एवं तुकक कौशल, स्वरक माधुर्य एवं बिम्बक चमत्कार विद्यापति पदावलीक मुख्य विशेषता अछि" - पठित अंशक आधार पर एहि कथनक समीक्षा करू। 20

(b) "पदकेँ ललित श्रुतिमधुर, अर्थानुग्राही एवं समतासंयुक्त बनएबामे यदि शब्दकेँ तोड़हु पड़लैन्हि, ओकर स्वरूप विकृतो करए पड़लैन्हि तथा अपन हृदयक भाव झाँपलो भए गेलैन्हि तथापि गोविन्ददास अर्थक प्रसादक हेतु शब्दविन्यास नहि दूरि कएलन्हि" - एहि उक्तिक आलोकमे पठित अंशक आधार पर गोविन्ददासक काव्य-प्रतिभाक विवेचन करू। 15

(c) 'दत्तवती'क द्वितीय सर्गमे वर्णित गुरूकुलक शिक्षण-व्यवस्था एवं आकर्षक वातावरण विश्वशान्तिक अन्तर्राष्ट्रीय स्वरूप चित्र प्रस्तुत करैत अछि- सयुक्ति प्रतिपादन करू। 15

खण्ड-ख

5. निम्नलिखित अवतरणक सप्रसंग व्याख्या करू जाहिमे भाव स्पष्ट रहए।

(उत्तर अधिकतम 150 शब्दमे दातव्य) 10×5=50

(a) सरिपहुँ ..... बागमती, कमला, बलान, गण्डक आ खास क'क' कोसीतँ अपराजिता अछि ने! ककरहु सामर्थ नहि जे एकरा पराजित क' सकय। सरकार आओत..... चलि जायत...... मिनिस्टरी बनत आ टूटत-मुदा ई कोसी...... ई बागमती....... ई कमला आ बलान..... अपन एही प्रलयंकारीगतिमे गामकेँ भसिअवैत, हरिअर-हरिअर खेतकेँ उज्जर करैत, माल-जालकेँ नाश करैत, घर-द्वारक सत्यानाश करैत बहैत रहत आ बहैत रहत।

(b) कोन काज हमरा बुतेँ हयत? भीख माङब? भिखमंगोकेँ तँ लोक झझकारिते छै। अहलादि कऽ बैसबै कहाँ छै। आ भीख की दै छै तँ एकटा पाइ। एक मुट्ठी अन्न! ई कने बजैए तँ भरि पेट आगरह कऽ कऽ खुअबैए। कते ने सिनेह करैए। बीस गोटेक द्वारि घूमब। बीस गोटेक बात सुनब, तँ बीसटा पाइ होइत। घूरि जाइ सेह नीक। मुदा जँ मौगी देखि लिए ई काँख महँक मोटरी?

(c) घामक टघार कपारसँ नाकक नोक दऽ चुबै! भरल-चढल छाती पर घाम टघरि-टघरि चापत पेट पर बहि डाँडक धोतीमे सुखैल चलि जाइक। मोन एकदम महुरा गेल रहैक। मुँह लाल-स्याह मुदा आँखि ओहिना निश्चल आ

स्थिर रहैक। जतेक गैद तबतैक, जतेक घाममे नहाजायत, जतेक मोन माहुर हेतइ, ततेक आर मस्त भय हर जोतत। अपन घाम ओ गैदक माहुरमे मगन भय टिटकारलक छोट-छोट बड़दक जोड़ीकेँ।

(d) सैह काल त हमरा सभक काल भऽ गेल। आइ मासान्त, काल्हि संक्राति, परसू भदवा। एकटा टाट बान्हक हो त नौ दिन पतड़ा देखैत बैसल रहू। औ, संसारक और कोनो देश भदवा मानैत अछि। भद्रा महारानीमे वास्तविक सामर्थ्य छैन्ह त ओकरासभकेँ किऐक नहि धरैत छथिन्ह? पृथ्वी पर और-और लोककेँ दिक्शूल किऐक नहि लगैत छैक? यूरोप, अमेरिका बालाकेँ अधपहरा किऐक नहि धरैत छैक? सभसँ बुड़िबक दीनानाथ हमरे लोकनि छी?

(e) सुकर्म आ अपकर्म ककरा कहै छै से बुझबाक बुद्धि जँ अहाँमे रहैत तँ आइ अहाँकेँ हमरासँ वा हमर ऐ स्टालसँ घृणा नै होइत। एके टोकरा पर अहाँ लगले हमरा लग दौडल अबितौं.... पुछितौं जे हमर व्यवसाय घाटामे चलि रहल अछि कि नफामे। अहाँ से कयलौं नै आ तँ हम कहब जे अहाँ ने केवल समाजक, ने केवल आश्रमक वा परिवारक, अपितु अहाँ अपनो लेल भारेटा छी।

6. (a) खट्टर ककाक विनोदपूर्ण विचार-लहरी मिथिलाक संस्कृति ओ पुरातन सभ्यता पर मार्मिक व्यंग्यक प्रहार कयने अछि- एहि कथन पर विचार करू। 20

(b) 'लोरिक विजय' उपन्यासक कथावस्तुक मार्मिकता पर प्रकाश दिअ। 15

(c) 'पृथ्वीपुत्र' उपन्यासमे जीवनक ओ चित्र उतरल अछि जे सत्य पर आधारित अछि- एहि उक्तिक समीक्षा करू। 15

7. (a) मैथिली गद्यक विकासमे 'वर्णरत्नाकर'क स्थान निरूपित करैत ओकर नामकरण पर विचार करू। 20

(b) कोनो कथाक संगति-विसंगति कथाक नहि, ओहि समाजक रहैछ जाहिमे ओ कथाकार रहैत अछि- 'कृति राजकमलक'मे पठित प्रथम दस कथाक आधार पर एहि उक्तिक समीक्षा करू। 15

(c) आधुनिक मैथिली कथामे वर्तमान समाजक चित्र अंकित रहैत अछि- 'कथासंग्रह'मे पठित कथाक आधार पर एहि कथनक औचित्य पर प्रकाश दिअ। 15

8. (a) मैथिलीमे लोकगाथात्मक उपन्यासक क्षेत्रमे मणिपद्मक 'लोरिक विजय'क महत्त्व निरूपित करू। 20

(b) "जखन बैसल बेटा मायो-बापकेँ नै सोहाइत छैक, ककरो गरा लगोतैक।" भफाइत चाहक जिनगी' में महेशक एहि उक्तिमे सन्निहित भावक समीक्षा करू। 15

(c) 'वर्णरत्नाकर'क वर्णनक चमत्कार पर प्रकाश दिअ। 15

Civil Services Mains Exam - 2016

मैथिली (साहित्य) प्रश्नपत्र - 1

निर्धारित समय : तीन घंटे **अधिकतम अंक : 250**

प्रश्न-पत्र विषयक विशेष निर्देश

प्रश्नक उत्तर लिखबाक पूर्व कृपया निम्नलिखित निर्देशकेँ सावधानीपूर्वक पढ़ि लियऽ

- एतय दू खण्ड (Section)मे विभक्त कुल आठ प्रश्न अछि।
- अभ्यर्थी कुल पाँच प्रश्नक उत्तर देथि।
- प्रश्न संख्या 1 तथा प्रश्न संख्या 5 अनिवार्य अछि। शेष प्रश्नमेसँ तीन प्रश्नक उत्तर लिखू, जाहिमे प्रत्येक खण्ड (Section)सँ कम-सँ-कम एक प्रश्नक चयन आवश्यक अछि।
- प्रश्न/खण्डक निर्धारित अंक ओकरा समक्ष निर्दिष्ट कयल गेल अछि।
- उत्तर मैथिलीमे लिखब अनिवार्य अछि।
- जतय निर्दिष्ट हो, शब्द-सीमाक अनुपालन अपेक्षित अछि।
- उत्तरित प्रश्नक गणना क्रमानुसार कयल जायत। यदि काटल नहि गेल हो, तँ अंशतः लिखित उत्तरोकेँ गणना कयल जायत। प्रश्न-सह-उत्तर पुस्तिकाक कोनो रिक्त-पृष्ठ अथवा कोनो पृष्ठक रिक्त भागकेँ अवश्य काटि दी।

खण्ड-क

1. निम्नलिखित विषय पर टिप्पणी लिखू (लगभग 150 शब्द धरि): 10×5=50

(a) जॉर्ज अब्राहम ग्रिअर्सनक मैथिली व्याकरण

(b) भाषाक वर्गीकरण आधार

(c) मैथिली भाषाक विविध रूप

(d) मैथिली क्रियाक भाव-भेद

(e) प्राकृत ओ मैथिलीक सम्बन्ध

2. संक्षिप्त टिप्पणी लिखू

(a) पूर्वांचलीय भाषाक संग मैथिलीक सम्बन्ध पर प्रकाश दिअ। 20

(b) भारोपीय भाषा परिवारक सामान्य परिचय दिअ। 15

(c) तिरहुता लिपिक उद्‌भव ओ विकास पर प्रकाश दैत ओकर वर्तमान स्थितिक विवेचन करू। 15

3. **(a)** मध्यकालीन आर्यभाषाक परिचय दिअ। 20

(b) भाषाक पारिवारिक वर्गीकरणसँ परिचय कराउ। 15

(c) भाषाक विकासक प्रमुख कारकक विवेचन करू। 15

4. (a) मैथिली भाषाक विकासमे अवहट्ठक महत्त्वक मूल्यांकन करू। 20

(b) मिथिलाक्षरक महत्त्व एवं वर्तमान स्थिति पर प्रकाश दिअ। 15

(c) मैथिलीक क्रियापदक सन्दर्भमे सयुक्ति अपन मन्तव्य प्रतिपादित करू। 15

खण्ड-ख

5. निम्नलिखित विषय पर टिप्पणी लिखू (लगभग 150 शब्द धरि): 10×5=50

(a) चर्यापद मैथिलीक सम्पत्ति

(b) 'वर्णरत्नाकर'क महत्त्व

(c) लोकगीत

(d) 'सुन्दर संयोग' नाटक

(e) मिथिला मिहिर

6. (a) सिद्ध साहित्यक परिचय दैत एकर भाषागत वैशिष्ट्यक विश्लेषण करू। 20

(b) विद्यापतिक लोकप्रियता पर प्रकाश दिअ। 15

(c) गीतिनाट्यक उद्‌भव ओ विकास पर प्रकाश दिअ। 15

7. (a) आधुनिक मैथिली साहित्यक पृष्ठाधार पर प्रकाश दिअ। 20

(b) कवीश्वर चन्दा झाकेँ आधुनिक मैथिली साहित्यक जनक कहल जाइत अछि-सयुक्ति विवेचन करू। 15

(c) आधुनिक मैथिली साहित्यक विकासमे पत्र-पत्रिकाक महत्त्वपूर्ण योगदान पर प्रकाश दिअ। 15

8. (a) मैथिलीक ऐतिहासिक उपन्यासक विकास-यात्रा पर प्रकाश दिअ। 20

(b) मैथिली समालोचना शास्त्रक विकास ओ वर्तमान स्थिति पर अपन मन्तव्य दिअ। 15

(c) आधुनिक मैथिली निबन्ध-साहित्यक विकास ओ परम्परा पर प्रकाश दिअ। 15

■■

Civil Services Mains Exam - 2016

मैथिली (साहित्य) प्रश्नपत्र - 2

निर्धारित समय : तीन घंटे **अधिकतम अंक : 250**

प्रश्न-पत्र स्पष्ट निर्देश

प्रश्नक उत्तर लिखबासँ पूर्व कृपया निम्नलिखित निर्देशकेँ सावधानीपूर्वक पढ़ि लिअ:

- एतय दू खण्ड (Section) मे विभक्त कुल आठ प्रश्न अछि।
- अभ्यर्थी कुल पाँच प्रश्नक उत्तर देथि।
- प्रश्न संख्या 1 तथा प्रश्न संख्या 5 अनिवार्य अछि। शेष प्रश्नमेसँ तीन प्रश्नक उत्तर लिखू, जाहिमे प्रत्येक खण्ड (Section) सँ कमसँ कम एक प्रश्नक चयन आवश्यक अछि।
- प्रश्न/खण्डक निर्धारित अंक ओकरा समक्ष निर्दिष्ट कयल गेल अछि।
- उत्तर मैथिली (देवनागरी लिपि) मे लिखब अनिवार्य अछि।
- जतय निर्दिष्ट हो, शब्द-सीमाक अनुपालन अपेक्षित अछि।
- उत्तरित प्रश्नक गणना क्रमानुसार कयल जायत। यदि काटल नहि गेल हो तँ अंशत: लिखित उत्तरक गणना सेहो कयल जायत। प्रश्न-सह-उत्तर पुस्तिकाक कोनो रिक्त-पृष्ठ अथवा कोनो पृष्ठक रिक्त भागकेँ अवश्य काटि दी।

खण्ड-क

1. काव्य-वैशिष्ट्यकेँ निर्दिष्ट करैत निम्नलिखित अवतरणक सप्रसंग व्याख्या करू जाहिमे भाव स्पष्ट रहए।

(उत्तर अधिकतम 150 शब्दमे दातव्य) 10×5=50

(a) नव दूर्वादल श्यामल सुन्दर कज-नयन रनवीर।
वाम धनुर्धर दहिन निसित सर जलधि कोटि गंभीर।।
श्रीपद पादुक धर भरतानुज चामर छत्र निछोड़ि।
शिव चतुरानन सनक सनन्दन शतमुख रहु कर जोड़ि।।

(b) जन्म कर्म गुण-प्रकृति निरखि, रूचि परखि पारखी विज्ञ।
वर्गीकृत वर्गीक वरण जत करथि नित्य कृतविद्य।।
जनम प्रथम गृहकुलमे पुनि गुरूकुलमे उद्‌गम अन्य।
खनिज धातु मणि चढ़ि खराज पुनि मुकुटजड़ित हो धन्य।।

(c) अनिल अनलवम मलअज वीख।
जे छल सीतल से भेल तीख।।

चान्द सताबए सविताहु जीनि।
नहि जीवन एकमत भेल तीनि।।
किछु उपचार न मानए आन।
एहि बेआधि अथिक पचवान।।

(d) सुनि लक्ष्मी कहलनि बड़वेश।
उचित विचार कयल प्राणेश।।
लेल अयोध्या हरि अवतार।
चारि अशयुत राम उदार।।
लक्ष्मी अयलीह मिथिला भूमि।
ऋद्धि सिद्धि सग लयिलिह जूमि।।
सभकाँ कयल सुखी आरोग्य।
सम्प्रति भेलिह विवाहक योग्य।।

(e) सम्मिलित स्वेच्छा प्रणोदित जयति जय जनशक्ति।
हृदयमे अछि एक केवल तोहरेटा भक्ति।।
आन देवी देवता दिश नहि नवइ अछि माथ
आइ नहि तँ काल्हि दानवदलक कखह अवस्से उच्छेद
कृषक श्रमिकक जीवनोकेँ बनबिहह पुनि वेद
लैत प्राचीनक सगुण सद्ज्ञान
लोकहितमे लगविहह अपना युगक विज्ञान

2 **(a)** "चित्रा" मे प्राचीन-मध्य ओ आधुनिककालीन मिथिलाक सामाजिक जीवनक सम्यक वर्णन भेल अछि- विशलेषण करू। 20

(b) "समकालीन मैथिली कविता"क आधार पर कविवर आरसी प्रसाद सिंहक काव्य-वैशिष्ट्य पर प्रकाश दिअ। 15

(c) "कविवर लालदास अपन रामायणमे विस्तृत मंगलाचरमे पराप्रकृति सीता एवं परमपुरूष रामक स्मरण कयलनि अछि" - युक्तियुक्त विवेचन करू। 15

3. (a) "मिथिला भाषा रामायण"क 'सुन्दरकाण्ड' मे वर्णित घटनाक्रम अपेक्षाकृत अधिक सारगर्भित आ प्रसंगानुकूल भेल अछि"- एहि कथनक समीक्षा करू। 20

(b) "कृष्णजन्म प्रबन्ध-काव्यक रचनामे मनबोधकेँ मैथिली साहित्यक इतिहासमे महत्त्वपूर्ण स्थानक अधिकारी बना देने अछि" एहि उक्ति पर विचार करू। 15

(c) "कीचक-वध" काव्यस्वरूप ओ रचनाशैलीमे भिन्न रहितहुँ प्राच्य एवं पाश्चात्य-दुनू ठाम समान भावधाराक सम्वाहक अछि- प्रमाणित करू। 15

4. **(a)** "गोविन्ददास भजनावली"क गीत सर्वथा भक्तिमूलक प्रतीत होइत अछि ओ शृंगार एहिमे आवरणक काज करैत अछि" - पठित अंशक आधार पर अपन विचार व्यक्त करू। 20

(b) विद्यापतिक गीतसभमे शृंगारक बहुविध चित्र प्रस्तुत भेल अछि- पठित अंशक आधार पर एहि उक्तिकेँ पल्लवित करू। 15

(c) "दत्तवती" महाकाव्यमे भारतीय सामाजिक चिंतन, राष्ट्रीय चेतना ओ सांस्कृतिक गरिमाक व्यापक चित्रण भेल अछि- स्पष्ट करू। 15

खण्ड-ख

5. निम्नलिखित कथ्यक अभिव्यंजनागत वैशिष्ट्यकेँ निर्दिष्ट करैत सन्दर्भ-सहित व्याख्या करू जाहिमे भाव स्पष्ट रहए।

(उत्तर अधिकतम 150 शब्दमे दातव्य) 10×5=50

(a) भाइ, हम-अहाँ ओहि नजरिये देखबाक अभ्यस्त भ' गेल छी। आइ समस्त मध्यमवर्गीय बुद्धिजीवीक इएह हाल छै। कमायवला एक गोट, खायवला दस। इएह 'पैरासिटिज्म' हमरा लोकनिक एहि दलित अवस्थाक कारण अछि। हजार गुणे हमरासँ नीक एखन अहाँक श्रमजीवी अछि। से नै, अपने डेरामे जे दाइ काज करै अछि तकरे देखियौ, तीनू सासु-पुतोहु तीन डेराक काज धयने अछि. ..... तीस टाका महीना आ तीन थारी भात नित्त।

(b) भेद रसगुल्ला ओ लड्डूमे छैक। रसगुल्ला सरस ओ कोमल होइछ, लड्डू शुष्क ओ कठोर। रसगुल्ला पूर्वक प्रतीक थीक लड्डू पश्चिमक। तेँ हम कहैत छियौह जे ककरो जातीय चरित्र देखबाक-बुझबाक हो त ओकर प्रधान मधुर देखी।

(c) सोझाँमे ठाढ़ि स्त्री-छायाकेँ देखि क' घृणा होइत अछि। घृणा होइत अछि, क्रोध होइत अछि, सिनेह होइत अछि, दया होइत अछि, करूणा, वेदना, ग्लानि, परिताप, चिन्ता सभ किछु होइत अछि। अनिमेष दृष्टिसँ हमरा दिस, हम्मर चश्माक लाइब्रेरी फ्रेम दिस, रेशम चद्दरी दिस, फिन-ले कम्पनीक धोआ धोती दिस आ हम्मर आँखिमे भरल आश्चर्य दिस तकैत स्त्री-छाया त' सत्ते छाया-मात्र छथि, स्त्री नहिं छथि।

(d) एक बेर उन्नैस बरखक अपन बेटीकेँ देखय जे वसयक बाढ़िमे भरल-उमड़ल परमान धारसन लगैक। फेर टोल पड़ोसक स्त्रीगणक आँखि दिस ताकय जकर आँखिमे व्यंग्य रहैक, उत्सुकता रहैक, निष्क्रिय दर्शकक क्रूरता रहैक। मने मन पजरि रहि जाय। ने धूआँ होइक ने धधरा। एहन दिन भेलै छँउड़ीकेँ। केहन भरल-पुरल सासुर छैक।

(e) ओकरा दुनू हाथमे हथकड़ी आ' दूनू पएरमे बेड़ी जकड़ल रहैत छलैक। दूनू आँखि पर पट्टी बान्हल रहैत छलैक। दूनू कानमे बरकल सीसा ढारिकऽ

ओकरा बन्न कए देल गेल छलैक। केवल भोजन कालमे ओकरा आँखिक पट्टी आ' एक हाथक बेड़ी खोलल जाइक। बड़े यंत्रणामे ओकरा कारा जीवन बीति रहल छलइ।

6. (a) "घरदेखिया" कथा मिथिलाक ग्रामीण समाजक वर्ग-विशेषक यथार्थसँ साक्षात्कार करबैत अछि- स्पष्ट करू। 20

(b) "खट्टर काकाक तरंग" मे हरिमोहन झा उनटे गंगा बहा देने छथि- एहि उक्तिक आलोकमे एकर विशेषता देखाउ। 15

(c) "पृथ्वीपुत्र" उपन्यासमे निम्नवर्गक जीवन एवं ओकर सामाजिक एवं आर्थिक संघर्षकेँ व्यापक रूपँ व्यक्त कएल गेल अछि"- एहि उक्तिक समीक्षा करू। 15

7. (a) "'वर्णरत्नाकर'मे उत्तम काव्यक वर्णन- चमत्कार, कल्पनाक सूक्ष्मता, चित्रणक रसमयता एवं उक्तिक सामर्थ्यक प्रदर्शन अछि"- द्वितीय कल्लोलक आलोकमे एहि कथनकेँ स्पष्ट करू। 20

(b) राजकमलक कथामे हुनक चारित्रिक वैशिष्ट्य कोनहु ने कोनहु रूपमे अवश्य भेटत- एहि कथन पर विचार करू। 15

(c) "पाँच पत्र" कथा पति-पत्नीक राग-वृत्ति काल-चक्र द्वारा जीवनक दशा-दिशाक बोध करबैत अछि- एहि उक्तिक आलोकमे एहि कथाक मार्मिकता देखाउ। 15

8. (a) "'भफाइत चाहक जिनगी' आदर्शवादी शिक्षित बेरोजगार नवयुवकक संघर्षपूर्ण जीवन-गाथा अछि" - स्पष्ट करू। 20

(b) लोकगाथात्मक ऐतिहासिक उपन्यास "लोरिक विजय"मे चरित-नायकक चारित्रिक विशेषताक निदर्शन भेल अछि- युक्तियुक्त पल्लवित करू। 15

(c) मणिपद्मक "वालगोविन" कथाक मार्मिकता पर प्रकाश दिअ। 15

■■

Civil Services Mains Exam - 2015

मैथिली (साहित्य) प्रश्नपत्र - 1

निर्धारित समय : तीन घंटे **अधिकतम अंक : 250**

प्रश्न-पत्र विषयक विशेष निर्देश

प्रश्नक उत्तर लिखबाक पूर्व कृपया निम्नलिखित निर्देशकें सावधानीपूर्वक पढ़ि लियऽ

- एतय दू खण्ड (Section)मे विभक्त कुल आठ प्रश्न अछि।
- अभ्यर्थी कुल पाँच प्रश्नक उत्तर देथि।
- प्रश्न संख्या 1 तथा प्रश्न संख्या 5 अनिवार्य अछि। शेष प्रश्नमेसँ तीन प्रश्नक उत्तर लिखू, जाहिमे प्रत्येक खण्ड (Section)सँ कम-सँ-कम एक प्रश्नक चयन आवश्यक अछि।
- प्रश्न/खण्डक निर्धारित अंक ओकरा समक्ष निर्दिष्ट कयल गेल अछि।
- उत्तर मैथिलीमे लिखब अनिवार्य अछि।
- जतय निर्दिष्ट हो, शब्द-सीमाक अनुपालन अपेक्षित अछि।
- उत्तरित प्रश्नक गणना क्रमानुसार कयल जायत। यदि काटल नहि गेल हो, तँ अंशत: लिखित उत्तरोकें गणना कयल जायत। प्रश्न-सह-उत्तर पुस्तिकाक कोनो रिक्त-पृष्ठ अथवा कोनो पृष्ठक रिक्त भागकें अवश्य काटि दी।

खण्ड-क

1. निम्नलिखित विषय पर टिप्पणी लिखू (लगभग 150 शब्द धरि): 10×5=50

(a) तिरहुताक महत्त्व

(b) प्राचीन मैथिलीक विशेषता

(c) संस्कृत ओ मैथिलीक सम्बन्ध

(d) 'प्रयत्नलाघव'क विशेषता किछु उदाहरणक संग

(e) 'अवहट्ठ'क ऐतिहासिक स्वरूप-विवेचन

2. **(a)** पूर्वांचल-भाषा मे मैथिलीक बांग्लाक संग सम्बन्ध स्थापित करू। 20

(b) मध्यकालीन मिथिलाक सामाजिक, सांस्कृतिक आदि परिस्थितिक परिचय ज्योतिरीश्वरक जाहि ग्रंथसँ प्राप्त होइत अछि, तकर युक्तियुक्त विवेचन करू। 15

(c) भारोपीय भाषा परिवारक विश्लेषण क्रममे मैथिलीकें कतए पबैत छी? सयुक्ति प्रतिपादित करू। 15

3. **(a)** बोली कोन-कोन परिस्थितिमे भाषाक रूप ग्रहण करैत अछि? 20

(b) भाषाक स्वरूपक विवेचन करू। 15

(c) भाषाक उत्पत्तिक चर्चा करैत स्पष्ट करू, जे भाषावैज्ञानिक अथवा शोध कर्त्तालोकनि कोन सिद्धान्तकेँ सर्वाधिक प्रामाणिक मानलनि। 15

4. (a) भाषा परिवर्तनशील अछि, एकर कारण पर प्रकाश दिअ। 20

(b) मैथिलीक सर्वनामक विषयमे लिखू। 15

(c) मैथिली एक स्वतंत्र ओ समृद्ध भाषा थीक, 'भाषा'क कसौटी पर एकरा प्रमाणित करू। 15

खण्ड-ख

5. निम्नलिखित विषय पर टिप्पणी लिखू (लगभग 150 शब्द धरि): 10×5=50

(a) मैथिलीक लघुकथाक विवेचन करू।

(b) मैथिली उपन्यासक रूपरेखा प्रस्तुत करू।

(c) असमक अंकीयानाटक विवेचन करू।

(d) विद्यापतिक लोकप्रियता पर प्रकाश दिअ।

(e) कवीश्वर चन्दा झा ओ लालदासक रामायणक तुलनात्मक विवेचन करू।

6. (a) 'वर्णरत्नाकर'क साहित्यिक महत्त्व पर प्रकाश दिअ। 20

(b) गोविन्ददासक रचना 'नारिकेरफलसम्मित' अछि, एहि उक्तिकेँ चरितार्थ करू। 15

(c) 'दत्तवती'क महाकाव्यत्व प्रमाणित करू। 15

7. (a) मैथिली साहित्य काल-विभाजनक प्रसंग विभिन्न विद्वानक मतक समीक्षा करू। 20

(b) मैथिली नाट्य परम्परामे नेपालक योगदान अछि। ज्ञापित करू। 15

(c) मैथिली भाषाक आदिकालीन स्वरूप पर विचार करैत अपन मतसँ अवगत कराउ। 15

8. (a) मैथिलीक विकासमे 'मिथिलामिहिर'क विशिष्ट योगदान अछि, सिद्ध करू। 20

(b) मैथिली लोकगाथा पर प्रकाश दिअ। 15

(c) मिथिला समाजमे व्याप्त वैवाहिक समस्याकेँ दूर करबाक हेतु कोन-कोन रचनाकार द्वारा प्रयास कएल गेल? 15

Civil Services Mains Exam - 2015

मैथिली (साहित्य) प्रश्नपत्र - 2

निर्धारित समय : तीन घंटे **अधिकतम अंक : 250**

प्रश्न-पत्र स्पष्ट निर्देश

प्रश्नक उत्तर लिखबासँ पूर्व कृपया निम्नलिखित निर्देशकेँ सावधानीपूर्वक पढ़ि लिअ:

- एतय दू खण्ड (Section) मे विभक्त कुल आठ प्रश्न अछि।
- अभ्यर्थी कुल पाँच प्रश्नक उत्तर देथि।
- प्रश्न संख्या 1 तथा प्रश्न संख्या 5 अनिवार्य अछि। शेष प्रश्नमेसँ तीन प्रश्नक उत्तर लिखू, जाहिमे प्रत्येक खण्ड (Section) सँ कमसँ कम एक प्रश्नक चयन आवश्यक अछि।
- प्रश्न/खण्डक निर्धारित अंक ओकरा समक्ष निर्दिष्ट कयल गेल अछि।
- उत्तर मैथिली (देवनागरी लिपि) मे लिखब अनिवार्य अछि।
- जतय निर्दिष्ट हो, शब्द-सीमाक अनुपालन अपेक्षित अछि।
- उत्तरित प्रश्नक गणना क्रमानुसार कयल जायत। यदि काटल नहि गेल हो तँ अंशत: लिखित उत्तरक गणना सेहो कयल जायत। प्रश्न-सह-उत्तर पुस्तिकाक कोनो रिक्त-पृष्ठ अथवा कोनो पृष्ठक रिक्त भागकेँ अवश्य काटि दी।

खण्ड-क

1. काव्य-वैशिष्ट्यकेँ निर्दिष्ट करैत निम्नलिखित अवतरणक सप्रसंग व्याख्या करू जाहिमे भाव स्पष्ट रहए। (उत्तर अधिकतम 150 शब्दमे दातव्य): 10×5=50

(a) तातल सैकत वारि विन्दु सम
सुत मित रमनि समाजे,
तोहे बिसारि मन तोहे समापलुँ
अब मझु हब कोन काजे।।
माधव हम परिनाम निरासा।

(b) हा रघुनाथ अनाथ जकाँ, दशकण्ठ-पुरी हम आइलि छी।
सिंहक त्रास महानवमे हरिणीक समान डराइलि छी।।
चन्द्र-चकोरि अँहक सदा, हम शोक समुद्र समाइलि छी।
देवर-दोष कहू हम की, अपना अपराधसँ काइलि छी।।

(c) कतो एक दिवस जखन बिति गेल। हरि पुनु हथगर गोड़गर मेल।
से कोन ठाम कतय नहि जाथि। कय बेरि अंगनहुँ सौ बहराथि।।

द्वार उपर सौ धरि धरि आनी। हरखथि हँसथि जसोमति रानी।
कय बेरि आगि हाथ सौ छीनु। कय बेरि पकलाह तकला बीनु।।

(d) विधवा हमरे सन हजारक हजार
बहौने जा रहलि अछि नोरक धार
ओहिमे ई मुलुंक डुबि बरू जाय
ओहिमे लगौ भसिया बरू जाय
अगड़ाही लगौ बरू बज्र खसौ
एहेन जाति पर बरू धसना धसौ
भूकम्प होक बरू फटौ धरती
माँ मिथिला रहिये क' की करती!

(e) देखु, क्षितिजसँ-इन्दु कलाक समान
मत्स्यराज-अन्त: पुरसँ बहराए
के थिक सुन्दरि सुर-रमणी-अनुरूप
जाइत राजपथहि एकसरि सकुमारि
मत्त-चकोर-नयनि, निज-पद-नख-चन्द्र-
बद्ध-दृष्टि, गज-गामिनि! किअ मुखकञ्ज
अछि एहना विवर्ण, किअ विद्रुम-कान्ति
अधर स्फुरित संकुचित कुटिल भ्रूभंग, छूटइछ अन्तर्ज्वाल-पूर्ण नि:श्वास।

2. (a) 'मिथिला भाषा रामायण'क 'सुन्दरकाण्ड'क वैशिष्ट्य पर प्रकाश दिअ। 20

(b) 'कीचक वध' महाकाव्यक महाकाव्यत्व प्रमाणित करू। 15

(c) "मनबोध रचित 'कृष्णजन्म' मैथिली साहित्य मध्य एकटा क्रान्तिकारी डेग प्रमाणित भेल।" एहि कथनकेँ पुष्ट करू। 15

3. (a) "'चित्रा' मे सर्वहरा वर्गक मर्मस्पर्शी वेदनाक स्वर मुखरित भेल अछि।" एहि कथनक विवेचना करू। 20

(b) 'समकालीन मैथिली कविता'क आधार पर रामकृष्ण झा 'किसुन'क काव्य-सौष्ठवसँ परिचय कराउ। 15

(c) "लालदास रचित 'रमेश्वर चरित मिथिला रामायण' मध्य सीताक चरित्रक प्रधानता अछि"- विवेचना करू। 15

4. (a) "गोविन्ददासक काव्यमे अर्थगाम्भीर्य एवं भक्तिभावनाजन्य तन्मयता दृष्टिगोचर होइत अछि।" एहि उक्तिक आलोकमे गोविन्ददासक काव्य-वैशिष्ट्य पर प्रकाश दिअ। 20

(b) "विद्यापतिक काव्यतक उत्पकर्ष हिनक पदावलीमे देखल जाइछ।" एहि कथनकेँ पल्लवित करू। 15

(c) 'दत्तवती' महाकाव्यक पठित अंशक आधार पर 'सुमन' जीक पाण्डित्य-प्रकर्षसँ परिचय कराउ। 15

खण्ड-ख

5. निम्नलिखित कथ्यक अभिव्यंजनागत वैशिष्ट्यकेँ निर्दिष्ट करैत सन्दर्भ-सहित व्याख्या करू जाहिमे भाव स्पष्ट रहए।

(उत्तर अधिकतम 150 शब्दमे दातव्य) 10×5=50

(a) "असलमे धरती जोतनिहारक थिक। हरबाहक थिक जे धरतीक असल बेटा थिक। जे अपन पसेनासँ धरती-माताकेँ पूजै अछि। कै दिन-देखलहक अछि मालिककेँ अपन पसेनासँ धरती-माताक पूजा करैत? देखहक सरकारी कानून त जरूर सोचि विचारि क' बनै छैक ने। बटिदारक नामे खाता कि सिकमी-खाता खोलबाक कानून जरूर कोनो इनसाफसँ बनल होतैक। हम सभ निपढ़ छी तँइ भने नै बुझियै, मगर ई सोचबाक चाही जे सभ कानूनक पाछा कोनो निसाफ जरूर रहैत छैक।"

(b) "नै, एना बुझलासँ लोकक काज नै चलि राकै छै। जँ आइ सभ नवयुवकक लक्ष्य नोकरियेटा भऽ गेलैए तँ सभतरि निराशाक वातावरण बनि गेल छै। चाही ई जे नोकरीयोकेँ एक साधन बूझल जाय। जेना ई संसार अनन्त अछि तहिना साधनो असीमित छैक। मोनकेँ एके खुट्टासँ बन्हने रहब मनुक्खक मर्यादाकेँ आ ओकर सामर्थ्यकेँ अपमान करब थिक।"

(c) "सरिपहुँ ..... बागमती, कमला, बलान, गण्डक आ खास क' क' कोसी तँ अपराजिता अछि ने। ककरहु सामर्थ्य नहि जे एकरा पराजित क' सकय। सरकार आओंत ..... चलि जायत ...... मिनिस्टरी बनत आ टूटत- मुदा ई कोसी ...... ई बागमती .... ई कमला आ बलान ..... अपन एही प्रलयंकारी गतिमे गामकेँ भसिअबैत, हरिअर-हरिअर खेतकेँ उज्जर करैत, माल-जालाकेँ नाश करैत, घर द्वारक सत्यनाश करैत बहैत रहत आ बहैत रहत।"

(d) "केहन मुखश्री। केहन सरल निश्छल आँखि! हृदयक गूढ़तम भाग एहि आँखिक द्वारा देखि सकैत छी। मुदा ई सरलता, ई निश्छलता रहत कतेक दिन? एखन यौवनमे प्रवेश मात्र भ' रहल अछि। नव आशा अछि नव विश्वास। संसारक अनुभव बाँकी अछि तँ। आ, एकर बाद? नीक बरक अभाव, अतिशय मूल्य .... कत' ई कान्ति, ई स्वर्गीय लावण्य। पीयर देह, आँखि धसल, मलिन मुखमण्डल ....।"

(e) पताल अइसन दु:प्रवेश स्त्रीक चरित्र अइसनदर्भ कालिन्दीक कल्लोल अइसन मासल काजरक पर्व्वत अइसन पाप/क सहोदर अइसन शरीर आतइक नगर

अइसन भयानक कुमन्त्र अइसन निष्फल अज्ञान अइसन अइसन सर्व्वतोगामी अहक्कार। अहंकार। अइसन उन्नत परद्रोह अइसन अभव्य पाप अइसन मलिन एवम्विध दुःसश्चर दृष्टिबन्धक भयानक गंभीर शूचीभेद्य अन्धकार दे/पु

6. (a) सामाजिक जीवन पर आधारित 'आम खयबाकि मुँह' सरसताक दृष्टिएँ एक सफल कथा थिक- स्पष्ट करू। 20

(b) जिबैत रहब पहिने जरूरी छैक संसारमे। तखन लोक लाज। नीक बेजाय।" आलोकमे 'पृथ्वीपुत्र' उपन्यासक मूल्यांकन करू। 15

(c) "खट्टर कका स्वच्छन्द चिन्तन ओ बुद्धि विलासक प्रतीक थिकाह।" एहि कथनकेँ पल्लवित करू। 15

7. (a) "कवि राजकमलकेँ लोक बिसरि जाइत, मुदा कथाकार राजकमल मैथिली साहित्यक क्षेत्रमे अमर रहताह।" कथन पर विचार करू। 20

(b) "मनमोहन झाक मैथिली कथाक शब्द-शब्दमे नवीनता ओ प्रयोगधर्मिकता झलक भेटैत अछि, जेहने भाव-वास्तुमे, तेहन अभिव्यक्ति शैलीमे।" एहि उक्तिक समीक्षा करू। 15

(c) 'वर्णरत्नाकर' मैथिलीक प्राचीनतम गद्य ग्रन्थ थिक- एकर ऐतिहासिक महत्त्व विश्लेषण करू। 15

8. (a) "'लोरिक विजय' सामाजिक संघर्षक अभिलेख थिक।" एहि उक्तिक सार्थकता देखाउ। 20

(b) नाटयतत्त्वक निकष पर 'भफाइत चाहक जिनगी' नाटकक मूल्यांकन करू। 15

(c) "करूण रसक स्रोत प्रवाहित करबामे कथाकार मनमोहन झाक अविस्मरणीय अवदान अछि"- प्रमाणित करू। 15

■■

Civil Services Mains Exam - 2014

मैथिली (साहित्य) प्रश्नपत्र - 1

निर्धारित समय : तीन घंटे **अधिकतम अंक : 250**

प्रश्न-पत्र विषयक विशेष निर्देश

प्रश्नक उत्तर लिखबाक पूर्व कृपया निम्नलिखित निर्देशकेँ सावधानीपूर्वक पढ़ि लियऽ

- एतय दू खण्ड (Section)मे विभक्त कुल आठ प्रश्न अछि।
- अभ्यर्थी कुल पाँच प्रश्नक उत्तर देथि।
- प्रश्न संख्या 1 तथा प्रश्न संख्या 5 अनिवार्य अछि। शेष प्रश्नमेसँ तीन प्रश्नक उत्तर लिखू, जाहिमे प्रत्येक खण्ड (Section)सँ कम-सँ-कम एक प्रश्नक चयन आवश्यक अछि।
- प्रश्न/खण्डक निर्धारित अंक ओकरा समक्ष निर्दिष्ट कयल गेल अछि।
- उत्तर मैथिलीमे लिखब अनिवार्य अछि।
- जतय निर्दिष्ट हो, शब्द-सीमाक अनुपालन अपेक्षित अछि।
- उत्तरित प्रश्नक गणना क्रमानुसार कयल जायत। यदि काटल नहि गेल हो, तँ अंशत: लिखित उत्तरोकेँ गणना कयल जायत। प्रश्न-सह-उत्तर पुस्तिकाक कोनो रिक्त-पृष्ठ अथवा कोनो पृष्ठक रिक्त भागकेँ अवश्य काटि दी।

खण्ड-क

1. निम्नलिखित विषय पर टिप्पणी लिखू (लगभग 150 शब्द धरि): 10×5=50

(a) मैथिली व्याकरण ओ पाणिनी

(b) प्राकृत भाषा ओ अर्धमागधी

(c) वर्ण-विपर्यक कारण ओ महत्त्व

(d) दीनबन्धु झाक व्याकरणक उपादेयता

(e) भाषाक महत्ता ओ वैशिष्ट्य

2. (a) पूर्वाञ्चल भाषा साहित्यमे मैथिली ओ ओड़ियाक साम्यक ओ वैषम्यक विश्लेषण करू। 20

(b) भाषाक उत्पत्तिक कारण ओ मैथिली भाषाक उत्पत्तिक विषयमे वर्णन करू। 15

(c) तिरहुताक विकासक्रमक ऐतिहासिक विवरण ओ साहित्यिक महत्वक प्रतिपादन करू। 15

3. (a) विद्यापति मध्यकालीन मैथिली भाषाक स्वरूपक आधार स्तम्भ छथि, विचार करू। 20

(b) मैथिलीक विभिन्न बोली पर प्रकाश दैत 'छिकाछिकी' पर कोन भाषाक प्रभाव छैक, से देखाउ। 15

(c) भारोपीय भाषा परिवारक परिचय ओ वैशिष्ट्यक वर्णन करू। 15

4. (a) मैथिलीक सर्वनामक व्यापकता ओ वैशिष्ट्यक उल्लेख करू। 20

(b) मैथिली भाषाक क्षेत्र मे ग्रियर्सनक अवदानक उल्लेख करैत तकर वैशिष्ट्यक वर्णन करू। 15

(c) मध्यकालीन आर्यभाषाक विशेषताक विवेचन विश्लेषण करू। 15

खण्ड-ख

5. निम्नलिखित विषय पर टिप्पणी लिखू (लगभग 150 शब्द धरि): 10×5=50

(a) मैथिलीक संस्मरण साहित्य ओ साहित्य अकादेमी पुरस्कार

(b) मैथिलीक निबन्धक विषयगत वैविध्य

(c) प्रबन्ध काव्यक औचित्य

(d) मैथिलीमे अनुवाद साहित्यक महत्व

(e) मैथिलीक लोकोक्ति-फकरा ओ सिद्धाचार्य

6. (a) सिद्ध साहित्यक परिचय दिउ एवं एकर भाषाक वैशिष्ट्य देखाउ। 20

(b) 'देसिल वयना'क कवि विद्यापति मात्र मिथिले धरि सीमित नहि रहथि- सयुक्ति प्रतिपादित करू। 15

(c) ऐतिहासिक, राजनीतिक ओ साहित्यिक परिप्रेक्ष्यमे विवेचन करू जे चन्दा झा आधुनिक कालक जनक रहथि। 15

7. (a) नारी जागरणक पृष्ठभूमिमे रचित मैथिली उपन्यासक विकासमे विभिन्न पत्र-पत्रिकाक योगदानक उल्लेख करू। 20

(b) मिथिलाक मध्यकालीन नाटक त्रैभाषिक अछि, एहि पर प्रकाश दिअ। 15

(c) मैथिलीक यात्रा साहित्यक स्थिति पर विचार करैत सुभद्रझाक योगदानक महत्व पर प्रकाश दिअ। 15

8. (a) कृष्ण जन्मक महाकाव्यत्व ओ भाषाक प्रसंग सयुक्ति विचार करू। 20

(b) मैथिलीमे महिला कथा-लेखन पर तथ्यात्मक विवरण प्रस्तुत करू। 15

(c) मैथिलीक बाल-साहित्यक भूत-वर्तमान ओ भविष्यक प्रसंग तथ्यात्मक विवेचन करू। 15

Civil Services Mains Exam - 2014

मैथिली (साहित्य) प्रश्नपत्र - 2

निर्धारित समय : तीन घंटे **अधिकतम अंक : 250**

प्रश्न-पत्र स्पष्ट निर्देश

प्रश्नक उत्तर लिखबासँ पूर्व कृपया निम्नलिखित निर्देशकेँ सावधानीपूर्वक पढ़ि लिअ:

- एतय दू खण्ड (Section) मे विभक्त कुल आठ प्रश्न अछि।
- अभ्यर्थी कुल पाँच प्रश्नक उत्तर देथि।
- प्रश्न संख्या 1 तथा प्रश्न संख्या 5 अनिवार्य अछि। शेष प्रश्नमेसँ तीन प्रश्नक उत्तर लिखू, जाहिमे प्रत्येक खण्ड (Section) सँ कमसँ कम एक प्रश्नक चयन आवश्यक अछि।
- प्रश्न/खण्डक निर्धारित अंक ओकरा समक्ष निर्दिष्ट कयल गेल अछि।
- उत्तर मैथिली (देवनागरी लिपि) मे लिखब अनिवार्य अछि।
- जतय निर्दिष्ट हो, शब्द-सीमाक अनुपालन अपेक्षित अछि।
- उत्तरित प्रश्नक गणना क्रमानुसार कयल जायत। यदि काटल नहि गेल हो तँ अंशत: लिखित उत्तरक गणना सेहो कयल जायत। प्रश्न-सह-उत्तर पुस्तिकाक कोनो रिक्त-पृष्ठ अथवा कोनो पृष्ठक रिक्त भागकेँ अवश्य काटि दी।

खण्ड-क

1. काव्य-वैशिष्टयकेँ निर्दिष्ट करैत निम्नलिखित अवतरणक सप्रसंग व्याख्या करू जाहिमे भाव स्पष्ट रहए (उत्तर अधिकतम 150 शब्दमे दातव्य): 10×5=50

(a) प्राचीन दिशि भय गेल प्रकाश। नव नृप रविक उदय उल्लास।।
अरुण वसन शुभ पहिरि दिनेश। मंच उदय-गिरि बैसला बेश।।
चहु दिशि मंगल गाब विहंग। बाजए घंटा शंख मृदंग।।
शिव-शिव ध्वनि भल हो चहु ओर। मागध सूत विरूद पढ़ शोर।।
गाब भक्त सभ भैरव राग। सुनि-सुनि सभकाँ बड़ अनुराग।।
कमल प्रफुल्लित मन्द समीर। बहय सुखद सौरभयुत धीर।।

(b) सुइ लय बेधिअ गाँथिअ ताग
हाथ छुबिअ तओं हाथहिँ लाग
गरजि सघन घन बरिसय बारी
तँ फनिपति फना देलन्हि पसारी
लागल झड़ी भुलल सब दीग
पशु-पक्षी सब पड़ल अदीग

सूर्यसुधाकर खोजलों ने पाबिअ

कमलकुमुद निशिवासर जानिअ।

(c) सीखल कत भाषा, लीखल जत लिपि प्रचलित जग बीच।
परिचित विविध देश व्यवहारक ऊँच रहौ वा नीच।।
भाषण, लेखन, वाचन, गायन अभिव्यक्ति हित उक्ति।
सुभाषितक उर हार पहिरि श्रुति-सूक्त सूक्ति रस उक्ति।।
तर्क-वितर्क वाद-संवादहु अनुवादहुमे दक्ष।
रहल कसरि नहि, असरि गुरुकुलक एतय भेल प्रत्यक्ष।।

(d) चाँद सार लए मुख घटना करू
लोचन चकित चकोरे।
अमिय धोए आँचरे जनि पोछल
दह दिस भेल उजोरे।।
कामिनी कोने गढ़ली।
रूप सरूप मोहि कहइते असम्भव
लोचन लागि रहली।।
गुरु नितम्भ भरे चलए न पारए
माझ खीनिम निमाइ।
भांगि जाइति मनसिजे धरि राखलि
त्रिबलि लता अरुझाइ।।

(e) तोड़ि कँ हरिसिंहदेवक डाँड़
काल्हि जँ बौआ बिआहथि मेम
महाश्वेता बहुरिआ
चिनमार पर ओ आबि
बिहुँसि लगती गोसाउनिकेँ गोड़
तँ अहाँ की छाड़ि कँ ई माटि
पड़ाएब चल जएब मोरङ दीस।

2. **(a)** "'मिथिला भाषा रामायण'क 'सुन्दरकाण्ड'मे हनुमानक चरित अछि।" एहि कथनक सार्थकता सिद्ध करू। 20

(b) "'महाभारत'क विराट पर्वमे वर्णित पाण्डव लोकनिक वनवासोत्तर विराट आश्रयमे अज्ञातवासक समयक वृत्तांत पर 'कीचक वध' महाकाव्यक कथावस्तु आधारित अछि" -समीक्ष करू। 15

(c) मैथिली काव्य-साहित्यमे 'कृष्णजन्म'क महत्त्व पर प्रकाश दिअ। 15

3. **(a)** "यात्रीकेँ सामान्यत: मार्क्सवादी ओ प्रगतिशील कवि कहल जाइत छन्हि" - 'चित्रा'क आधार पर एहि उक्ति पर विचार करू। 20

(b) समकालीन मैथिली कविताक आधार पर मायानन्द मिश्रक कवितासँ परिचय कराउ। 15

(c) लालदासक 'रमेश्वर चरित मिथिला रामायण'क नामकरण पर विचार करू। 15

4. **(a)** "गोविन्ददासक काव्य नारिकेल फलक सदृश रहितहुँ श्रुति-माधुर्यसँ परिपूर्ण अछि।" पठित अंशक आधार पर एहि कथनक मूल्यांकन करू। 20

(b) "विद्यापतिक पदावली गीतकाव्य थिक जे हिनक भावाभिव्यक्तिक सूक्ष्मता राग-ताललयाश्रित कोमलकान्त पदावली प्रसादपूर्ण माधुर्यसँ ओतप्रोत अछि।" पठित अंशक आधार पर युक्तिपूर्वक विचार करू। 15

(c) "सुमनजीक रचनामे प्राचीनता ओ नवीनताक विलक्षण समन्वय भेल अछि।" - युक्तियुक्त विवेचन करू। 15

खण्ड-ख

5. निम्नलिखित कथ्यक अभिव्यंजनागत वैशिष्ट्यकेँ निर्दिष्ट करैत सन्दर्भ-सहित व्याख्या करू जाहिगे भाव स्पष्ट रहए।

(उत्तर अधिकतम 150 शब्दमे दातव्य) 10×5=50

(a) अइ टोकमे कोनो तेहन शक्ति रहैक जकरा नेनहिसँ मानबाक संस्कार जमि गेल रहैक। कोनो अनट-बिनट काज करैत काल, कोनो अनुचित करैत काल, इएइ टोक नेनासँ सुनने रहए। आ तकरा बाद फेर आगाँ किछु कहबाक आ कि करबाक साहस कहियो ने होइक। आइओ ने भेलैक। नवीन पौरुषक दर्प उतरि गेलैक। हठात् घोर लज्जा घेरि लेलकै।

(b) आजुक युगमे यदि क्यो सोड़हो आना भाग्यवादी बनि आ हिया हारिक' अपनाकेँ भगवानक इलाका लगा देअय, त लोक ओकरा बताहे कहतैक कि! मुदा हमरा सनक भेष-भुषावाला लोक यदि समाजमे बताह कहाब' लागय तँ भरिसक संसारमे बताहक संख्या सभसँ बेसी भ' जयतैक। की सरिपहुँ लोक जानि-बुझि क' अपन बगय खराप बना लैए?

(c) पूर्णिमाक चान्द अमृत पूरल अइसन मुह। श्वेत पंकजकाँ दल भ्रमर बयिसल अइसन आँषि, काजरक कल्लोल अइसन भञुह. गथले फुले नर्मदाक शलाका पूजल अइसन षोष्मा पखाक पल्लब अइसन अधर. कनिअराक कर अइसन नाक. सिन्दुर मोति लोटाएल अइसन दान्त। वेतक साट अइसन वाँह. पारिजातक पल्लव अइसन हाथ।

(d) स्वांग रचब हमर जीवन आ जीविका भ' गेल अछि। बीस बर्ख पहिने ई सत्य हमरा बुझवामे आबि गेल छल जे जीबाक अछि; तँ स्वांग रच' पड़त,

कोनो-ने-कोनो स्वांग रचैत अछि। जे हम छी, जे हमर असली व्यक्तित्व अछि, हमर असली चेहरा, से व्यक्त कयने, व्यक्त करैत रहलासँ ने हमरा अन्न-पानि भेटि सकैत अछि, ने ठाढ़ होयबाक लेल कोनो ओसारा, कोनो आङन!

(e) देबहाक धारामे ओ राजहंस कत्ते सिनेहक संग अपना हंसिनीक संग ग्रीवामे चंचु-आघात कए रहल अछि, लगक साहोड़क गाछ पर बैसल पंडुक दम्पति कोनो अपना कलकुँजनसँ वातावरणमे मधु घोरि रहल अछि। तैयो अँहाँ हमरा एहिठाम आबक कारण पूछइ छी। एत्तेक दिन व्याह भेना भेल अँहाँ गौनाक नाम नहि लेलहुँ। अँहाँ भने ठमकल रहलहुँ किन्तु समय तऽ नहि ठमकल रहल। हम पूछए आएल छी जे हम कोन अपराधेँ उपेक्षिता भए रहल छी?

6. (a) नारी हृदयक संवेदनशीलताक चित्रणमे किरणजी कतेक दूर धरि सफल भेल छथि? 'मधुरमनि' कथाक आधार पर सिद्ध करू। 20

(b) "'पृथ्वीपुत्र' उपन्यासमे ललित मानव स्वभावक नैसर्गिक प्रवृत्ति ओ भावनाकेँ जाहि प्रकारेँ प्रधानता देल अछि से हुनक स्वस्थ दृष्टिकोणक परिचायक थिक।" एहि कथनक समीक्षा करू। 15

(c) "हरिमोहन झाक रचनामे व्यंग्य-विनोद आ पांडित्यक त्रिवेणी प्रवाहित होइत अछि।" एहि उक्तिक सार्थकता देखाउ। 15

7. (a) "'वर्णरत्नाकर'क द्वितीय कल्लोलमे शृंगार रसक विविध सामग्रीक चर्चा करब कविक उद्देश्य बुझि पड़ैत अछि"- प्रमाणित करू। 20

(b) "'साँझक गाछ' कथामे जीवनक संघर्ष वाह्य एवं अभ्यन्तर दुनूक समावेश पूर्णरूपेण देखबामे अबैत अछि।" एहि कथनक समीक्षा करू। 15

(c) "'वर्णरत्नाकर'केँ काव्य नहि काव्योपयोगी कहल जाइत अछि"- सयुक्ति प्रतिपादन करू। 15

8. (a) 'लोरिक विजय' उपन्यासमे तत्कालीन मिथिलाक छोट-छोट सामन्तक अत्याचार ओ दुराचारसँ सामान्य लोकक जीवन अस्त-व्यस्त छल। लोरिक ओहि सामान्य जनजीवनमे उत्पीड़नजन्य आक्रोशकेँ सहन नहि कए सकलाह आ हुनका लोकनिकेँ संगठित कए ओहि अत्याचारी सामन्तक विरुद्ध कएलनि-एहि विषय पर आधारित एकर कथावस्तुक मूल्यांकन करू। 20

(b) "भफाइत चाहक जिनगी' नाटकमे नाटककार एक शिक्षित बेरोजगार युवकक चरित्रक कर्मपठता ओ संघर्षक चित्रण कएलनि अछि" - विवेचन करू। 15

(c) "मैथिली कथा-साहित्यक भव्य ललाट पर राजकमल-ललित आ मायानन्दकेँ त्रिपुंडक रूपमे देखल जाइत अछि" - एकरा युक्तियुक्त पल्लवित करू। 15

Civil Services Mains Exam - 2013

मैथिली (साहित्य) प्रश्नपत्र - 1

निर्धारित समय : तीन घंटे **अधिकतम अंक : 250**

प्रश्न-पत्र विषयक विशेष निर्देश

प्रश्नक उत्तर लिखबाक पूर्व कृपया निम्नलिखित निर्देशकेँ सावधानीपूर्वक पढ़ि लियऽ

- एतय दू खण्ड (Section)मे विभक्त कुल आठ प्रश्न अछि।
- अभ्यर्थी कुल पाँच प्रश्नक उत्तर देथि।
- प्रश्न संख्या 1 तथा प्रश्न संख्या 5 अनिवार्य अछि। शेष प्रश्नमेसँ तीन प्रश्नक उत्तर लिखू, जाहिमे प्रत्येक खण्ड (Section)सँ कम-सँ-कम एक प्रश्नक चयन आवश्यक अछि।
- प्रश्न/खण्डक निर्धारित अंक ओकरा समक्ष निर्दिष्ट कयल गेल अछि।
- उत्तर मैथिलीमे लिखब अनिवार्य अछि।
- जतय निर्दिष्ट हो, शब्द-सीमाक अनुपालन अपेक्षित अछि।
- उत्तरित प्रश्नक गणना क्रमानुसार कयल जायत। यदि काटल नहि गेल हो, तँ अंशतः लिखित उत्तरोकेँ गणना कयल जायत। प्रश्न-सह-उत्तर पुस्तिकाक कोनो रिक्त-पृष्ठ अथवा कोनो पृष्ठक रिक्त भागकेँ अवश्य काटि दी।

खण्ड-क

1. निम्नलिखित विषय पर टिप्पणी लिखू (लगभग 150 शब्दसँ अधिक नहि): 10×5=50

(a) सुभद्र झा।

(b) प्राकृतक विशेषता।

(c) मैथिलीक क्रियापद।

(d) तिरहुता लिपिक महत्त्व।

(e) मैथिली भाषाशास्त्र।

2. **(a)** मैथिली ओ असमिया भाषाक संबंधक विवेचन करू (शब्द सीमा 250) 20

(b) मैथिली भाषाक विकास-क्रमक समीक्षा करू (शब्द सीमा 250) 15

(c) तिरहुता लिपिक उद्‌भव ओ विकास पर प्रकाश दिअ (शब्द सीमा 250) 15

3. **(a)** भारोपीय भाषा-परिवारक विश्लेषण करैत एहिमे मैथिलीक स्थान निरूपित करू (शब्द सीमा 250) 20

(b) भाषाकेँ परिभाषित करैत बोलीसँ भाषा बनबाक कारणक उल्लेख करू। (शब्द सीमा 250) 15

(c) भाषाक परिभाषा दैत बोलीसँ ओकर पार्थक्य देखाउ। (शब्द सीमा 250) 15

4. **(a)** मैथिलीक सर्वनामक विश्लेषण करू। (शब्द सीमा 250) 20

(b) भारतीय आर्यभाषाक परिचय दैत ओहिमे मैथिलीक स्थान निरूपित करू। (शब्द सीमा 250) 15

(c) मैथिली भाषाक काल विभाजन पर विचार करू (शब्द सीमा 250) 15

खण्ड-ख

5. निम्नलिखित विषय पर टिप्पणी लिखू (लगभग 150 शब्दसँ अधिक नहि): 10×5=50

(a) शंकरदेव

(b) पारिजात-हरण नाटक

(c) मैथिलीक शोध-पत्रिका

(d) मैथिलीमे लोककथाक विकास

(e) मुक्तक काव्य।

6. **(a)** मैथिली साहित्यक काल-विभाजनक प्रसंग विद्वान लोकनिक मतक समीक्षा करू। (शब्द सीमा 250) 20

(b) विद्यापतिकेँ अहाँ शृंगारी-कवि बुझैत छियनि वा भक्ति-कवि? सयुक्ति प्रतिपादन करू। (शब्द सीमा 250) 15

(c) विद्यापतिक अनुसरण परम्परा पर प्रकाश दिअ। (शब्द सीमा 250) 15

7. **(a)** महाकाव्य ककरा कही? मैथिलीमे महाकाव्यक विकासक रूपरेखा प्रस्तुत करू। (शब्द सीमा 250) 20

(b) मैथिलीक लोकगाथात्मक उपन्याससँ परिचय कराउ। (शब्द सीमा 250) 15

(c) नेपालमे रचित मैथिली नाटकक वैशिष्ट्यसँ परिचय कराउ। (शब्द सीमा 250) 15

8. **(a)** मैथिलीक पत्र-पत्रिकाक विकास पर प्रकाश दिअ। (शब्द सीमा 250) 20

(b) 'कवीश्वर'क काव्य-सौष्ठव पर प्रकाश दिअ। (शब्द सीमा 250) 15

(c) मिथिलाभाषा रामायणक वैशिष्ट्यसँ परिचय कराउ। (शब्द सीमा 250) 15

Civil Services Mains Exam - 2013

मैथिली (साहित्य) प्रश्नपत्र - 2

निर्धारित समय : तीन घंटे **अधिकतम अंक : 250**

प्रश्न-पत्र स्पष्ट निर्देश

प्रश्नक उत्तर लिखबासँ पूर्व कृपया निम्नलिखित निर्देशकेँ सावधानीपूर्वक पढ़ि लिअः

- एतय दू खण्ड (Section) मे विभक्त कुल आठ प्रश्न अछि।
- अभ्यर्थी कुल पाँच प्रश्नक उत्तर देथि।
- प्रश्न संख्या 1 तथा प्रश्न संख्या 5 अनिवार्य अछि। शेष प्रश्नमेसँ तीन प्रश्नक उत्तर लिखू, जाहिमे प्रत्येक खण्ड (Section) सँ कमसँ कम एक प्रश्नक चयन आवश्यक अछि।
- प्रश्न/खण्डक निर्धारित अंक ओकरा समक्ष निर्दिष्ट कयल गेल अछि।
- उत्तर मैथिली (देवनागरी लिपि) मे लिखब अनिवार्य अछि।
- जतय निर्दिष्ट हो, शब्द-सीमाक अनुपालन अपेक्षित अछि।
- उत्तरित प्रश्नक गणना क्रमानुसार कयल जायत। यदि काटल नहि गेल हो तँ अंशतः लिखित उत्तरक गणना सेहो कयल जायत। प्रश्न-सह-उत्तर पुस्तिकाक कोनो रिक्त-पृष्ठ अथवा कोनो पृष्ठक रिक्त भागकेँ अवश्य काटि दी।

खण्ड-क

1. काव्य-वैशिष्ट्यकेँ निर्दिष्ट करैत निम्नलिखित अवतरणक सप्रसंग व्याख्या करू जाहिमे भाव स्पष्ट रहए (उत्तर अधिकतम 150 शब्दमे दातव्य): 10×5=50

(a) भुस्साक आगि जकाँ नहूँ नहूँ
जरै छी मने मने हमहूँ
फटै छी कुसियारक पोर जकाँ
चैतक पछवामे ठोर जकाँ

(b) की हम साँझक एकसरि तारा
भादव चैठिक चन्दा।
ऐसन कए पियाए मोर मुख मानल
मो, पति जीवन मन्दा।।
बामहु गति जत समाद पठौलनि
से सबे कहि कहि गेलि।।

तेरसि तिथि ससि सामर पखनिसि
दसमि दसा मोरि भेलि।।

(c) पहिलहि कूल तूल-सम ऊड़ल जाकर बेनुक फूके।
धरम करम मति भरम-सरिस भेल नारी गिरिसम दु:खे।।
सजनी, किअ हम करब उपाय।
हेरइत से कान्ह अपन-अपनतन काहि करब अन्तराय।।

(d) देवर-तीर जेहन प्रलयानल, रावणगण वन झूर।
के हम थिकहुँ ककर हम कामिनी, परिचय पओता क्रूर
सकल तमीचर तामस तम सम, श्रीरघुनन्दन सूर।
यहन गति दैबे देखै छथि, नहि उपाय कछु फूर।।

(e) शार्दूली की कखनहु पाबए त्रास
जम्बूकक? की ज्वलित तप्त अंगार
तृणचय सकय झाँपि? की चम्पक वास
भ्रमर तुच्छ कए सकए कतहु उपाभोग?
जँ हम कएल न तजि पाण्डवपति पंच
आन पुरुष प्रति कखनहु स्वपनहु चित्त
नहि कीचक कए सकत हमन तन स्पर्श।

2. (a) 'रमेश्वर चरित मिथिला रामयण'क 'बालकाण्ड'क काव्यगुणक समीक्षा करू। 25

(b) काव्य-वैशिष्ट्यक दृष्टिएँ 'दत्तवती' महाकाव्यक प्रथम सर्गक मूल्यांकन करू। 25

3. (a) "विषयवस्तुक उपस्थापनमे आडम्बरहीन सहज, सरल भाषाक प्रयोग कए महाकवि मनबोध जेहन रचनाक सृजन कएलन्हि ओ लोकोत्तर आनन्द प्रदान करैत अछि।" एहि कथनक आलोकमे 'कृष्णजन्म' महाकाव्यक समीक्षा करू। 25

(b) "समकालीन मैथिली कविताक मूल स्वर अछि सामाजिक विसंगति पर कड़गर प्रहारक स्वर।" एहि कथनक सार्थकता सिद्ध करू। 25

4. (a) "महाकवि विद्यापति वियोगकेँ प्रेमक कसौटी मानने छथि तँ हिनक नायिकाक वियोगविगलित हृदय कारुणिक मधुर स्वर भावुककेँ साधारण स्तरसँ ऊपर उठाए ब्रह्मानन्दक सुखानुभूतिसँ गद्गद् कए दैत अछि।" एहि कथनक आलोकमे विद्यापतिक वियोग गीतक समीक्षा करू। 25

(b) "पठित अंशक आधार पर गोविन्ददासक भाषा-प्रयोगक सम्बन्धमे कहल जा सकैत अछि जे कविक भाव-साधना जकाँ शब्द-साधना सेहो श्लाध्य अछि।" एहि कथनक मूल्यांकन करू। 25

खण्ड-ख

5. निम्नलिखित कथ्यक अभिव्यंजनागत वैशिष्ट्यकेँ निर्दिष्ट करैत सन्दर्भ-सहित व्याख्या करू जाहिमे भाव स्पष्ट रहए।

(उत्तर अधिकतम 150 शब्दमे दातव्य) 10×5=50

(a) सब माल पगहा तोड़ि नै पड़ाइ छै। सब गाछकेँ बिहाड़ि नै तोड़ि-मड़ोरि दै छैक। बहुत गाछ बिहाड़िक दोगे-दोगे बाँचि जाइत अछि। फड़ि-फलाक' सुखा जाइत अछि। मुदा कतेक अभागल गाछ बिहाड़िक बाट पर ठाढ इमारत झाइत अछि, बेर-बेर मचोड़ल जाइत अछि।

(b) जैह भेद रसगुल्ला ओ लड्डुमे छैक रसगुल्ला सरस ओ कोमल होइछ, लड्डू शुष्क ओ कठोर। रसगुल्ला पूर्वक प्रतीक थीक, लड्डू पश्चिमक। तेँ हम कहैत छिऔह जे ककरो जातीय चरित्र बुझबाक हो त ओकर प्रधान मधुर देखी।

(c) परन्तु हुनकर मन एकरा कबूल करनि तखन ने! नेनु सन कोमल हृदय एहि दृढ़ताक आँचकेँ कहाँ सहि पबैत अछि? किऐक मन हरदम हुनकहि संग रह' लेल लागल रहैत छनि तकर कारण ओ स्वयं नहि बुझि पबैत छथि। परंतु अन्तमे किछु अनुभव करैत छथि-एक प्रकारक आकुलता, एक प्रकारक आकांक्षा, एक प्रकारक वेदना....।

(d) मुदा जखनसँ हमरा ई बुझल भेल अछि जे बड़का-बड़का अफसर आ बड़का-बड़का जातिक बहु बेटी नाटक खेलाइ छै, नाच करै छै, गीत गबै छै ...... हम छगुन्तामे पड़ि गेल छी। कोम्हर जा रहल अछि अपन समाज, किछु बुझाइते ने अछि। सभलोक भ्रष्ट भेल जा रहल अछि।

(e) अनाचारियो तेहने छल ओ (हरबा-बरबा)। दुहबी-सुहबी नामक दूटा ब्राह्मण कुमारीक अपहरण कए ओकरा सभकेँ अपना विलास भवनमे राखि नेने छल। ओ प्रत्येक दिन कतोक रूपसीकेँ पकड़ि कए मंगवा लिए आ अपना विलासक हेतु किछु दिन राखि कए ओकरा सभकेँ घुरा दैक।

6. **(a)** "'पृथ्वीपुत्र' उपन्यास सर्वहारा वर्गक अपन अधिकारक प्रति साकांक्षाताक संघर्ष-कथा अछि।" एहि कथनक समीक्षा करू। 25

(b) 'पाँचपत्र' कथाक माध्यमसँ सिद्ध करू जे प्रो. हरिमोहन झा अपन रचनामे ने मात्र हास्य-व्यंगक धार प्रवाहित करैत छथि अपितु मोनकेँ अन्तःकरण धरि द्रवीभूत करबाक सामर्थ्य सेहो रहैत अछि हिनक कथामे। 25

7. **(a)** पात्र चरित्रक दृष्टिएँ 'लोरिक विजय' उपन्यासक प्रमुख पात्रक चारित्रिक मूल्यांकन करू। 25

(b) "राजकमलक कथा मिथिलांचलक मध्यवर्गक ओहि समस्त संस्कार पर जमि क' प्रहार करैत अछि जे ओकर आर्थिक-सामाजिक संघर्षमे बाधक थिकैक।" कृति राजकमल'क कथाक मादे कहल गेल एहि कथनक समीक्षा करू। 25

8. **(a)** 'वर्णरत्नाकर'क दोसर कल्लोलक विषयवस्तुक उपस्थानमे कविक सूक्ष्म सौन्दर्य-दृष्टिक परिचय भेटैत अछि - प्रमाणित करू। 25

(b) "आनन्दमूर्त्ति मस्त खट्टरकका विषयवस्तुक प्रस्तुतिमे विनोदक गंगा प्रवाहित कए दैत छथि किन्तु भांगक तरंगोमे जे कहैत छथि से तर्कसंगत रहैत अछि।" 'चाणक्यक जन्मभूमि' गप्पक प्रसगँ कहल गेल एहि उक्तिक समीक्षा करू। 25

■■

Civil Services Mains Exam - 2012

मैथिली (साहित्य) प्रश्नपत्र - 1

निर्धारित समय : तीन घंटे **अधिकतम अंक : 300**

प्रश्न-पत्र विषयक विशेष निर्देश

प्रश्नक उत्तर लिखबाक पूर्व कृपया निम्नलिखित निर्देशकेँ सावधानीपूर्वक पढ़ि लियऽ

- एतय दू खण्ड (Section)मे विभक्त कुल आठ प्रश्न अछि।
- अभ्यर्थी कुल पाँच प्रश्नक उत्तर देथि।
- प्रश्न संख्या 1 तथा प्रश्न संख्या 5 अनिवार्य अछि। शेष प्रश्नमेसँ तीन प्रश्नक उत्तर लिखू, जाहिमे प्रत्येक खण्ड (Section)सँ कम-सँ-कम एक प्रश्नक चयन आवश्यक अछि।
- प्रश्न/खण्डक निर्धारित अंक ओकरा समक्ष निर्दिष्ट कयल गेल अछि।
- उत्तर मैथिलीमे लिखब अनिवार्य अछि।
- जतय निर्दिष्ट हो, शब्द-सीमाक अनुपालन अपेक्षित अछि।
- उत्तरित प्रश्नक गणना क्रमानुसार कयल जायत। यदि काटल नहि गेल हो, तँ अंशतः लिखित उत्तरोकेँ गणना कयल जायत। प्रश्न-सह-उत्तर पुस्तिकाक कोनो रिक्त-पृष्ठ अथवा कोनो पृष्ठक रिक्त भागकेँ अवश्य काटि दी।

खण्ड-क

1. निम्नलिखित विषय पर टिप्पणी लिखू: 12×5=60

(a) जॉर्ज अब्राहम ग्रिअर्सनक मैथिली व्याकरण ओ भाषा-वैज्ञानिक कृति

(b) प्राकृत ओ मैथिलीक सम्बन्ध

(c) भाषाक वर्गीकरणक आधार

(d) भारोपीय भाषा परिवारक महत्त्व

(e) मैथिली भाषाक क्षेत्रीय विभाजन

2. **(a)** भारोपीयभाषा परिवारक सामान्य परिचय प्रस्तुत करू। 30

(b) मैथिली भाषाक विकासक रूपरेखा प्रस्तुत करू। 30

3. **(a)** भाषा-विज्ञानक आकृतिमूलक वर्गीकरण करैत ओकर उपयोगिता सिद्ध करू। 30

(b) मध्यकालीन आर्यभाषासँ परिचय कराउ। 30

4. **(a)** भाषा ओ बोलीमे अन्तर स्पष्ट करैत बोलीकेँ भाषा बनबाक कारणक उल्लेख करू। 20

(b) नवीन भारतीय भाषाक मध्य मैथिलीक स्थान निरूपित करू। 20

(c) मिथिलाक्षरक महत्त्व पर निबंध-रचना करू। 20

खण्ड-ख

5. निम्नलिखित विषय पर टिप्पणी लिखू: 12×5=60

(a) चर्यापद मैथिलीक सम्पत्ति

(b) मैथिली कथामे नारी

(c) मैथिलीक संस्मरण साहित्य

(d) मैथिलीक मुक्तककाव्य

(e) मैथिलीक अनुवाद साहित्य

6. (a) ज्योतिरीश्वर ओ हुनक 'वर्णरत्नाकर'क विषयवस्तुसँ परिचय कराउ। 30

(b) "विद्यापतिक युग मैथिली साहित्यक स्वर्णयुग छल" -एहि कथन केँ सिद्ध करू। 30

7. (a) मैथिली साहित्यक कोनो एक आलोचकक आलोचनासँ परिचय कराउ। 30

(b) वर्तमानमे प्रकाशित मैथिली पत्र-पत्रिकासँ परिचय कराउ। 30

8. (a) मध्यकालीन मैथिली नाटकक विकासमे 'कीर्त्तनिञा नाटक'क महत्त्व प्रतिपादित करू। 20

(b) आधुनिक मैथिली निबंध-साहित्यसँ परिचय कराउ। 20

(c) "कवीश्वर चन्दा झा आधुनिक मैथिली साहित्यक युग-प्रवर्त्तक छलाह" -सयुक्ति विवेचन करू। 20

■■

Civil Services Mains Exam - 2012

मैथिली (साहित्य) प्रश्नपत्र - 2

निर्धारित समय : तीन घंटे **अधिकतम अंक : 300**

प्रश्न-पत्र स्पष्ट निर्देश

प्रश्नक उत्तर लिखबासँ पूर्व कृपया निम्नलिखित निर्देशकेँ सावधानीपूर्वक पढ़ि लिअ:

- एतय दू खण्ड (Section) मे विभक्त कुल आठ प्रश्न अछि।
- अभ्यर्थी कुल पाँच प्रश्नक उत्तर देथि।
- प्रश्न संख्या 1 तथा प्रश्न संख्या 5 अनिवार्य अछि। शेष प्रश्नमेसँ तीन प्रश्नक उत्तर लिखू, जाहिमे प्रत्येक खण्ड (Section) सँ कमसँ कम एक प्रश्नक चयन आवश्यक अछि।
- प्रश्न/खण्डक निर्धारित अंक ओकरा समक्ष निर्दिष्ट कयल गेल अछि।
- उत्तर मैथिली (देवनागरी लिपि) मे लिखब अनिवार्य अछि।
- जतय निर्दिष्ट हो, शब्द-सीमाक अनुपालन अपेक्षित अछि।
- उत्तरित प्रश्नक गणना क्रमानुसार कयल जायत। यदि काटल नहि गेल हो तँ अंशत: लिखित उत्तरक गणना सेहो कयल जायत। प्रश्न-सह-उत्तर पुस्तिकाक कोनो रिक्त-पृष्ठ अथवा कोनो पृष्ठक रिक्त भागकेँ अवश्य काटि दी।

खण्ड-क

1. निम्नलिखित अवतरणक भावकेँ स्पष्ट करैत एकर काव्य-वैशिष्ट्यकेँ निर्दिष्ट कए सप्रसंग व्याख्या करू (उत्तर अधिकतम: 150 शब्दमे दातव्य): 12×5=60

(a) मालति सफल जीवन तोर
तोरे विरहे भूवन भमए
भेल मधुकर भोर।।
जातकि केतकि कत न अछ
कुसुम रस समान।
सपनहु नहि काहू निहारए
मधु कि करत पान।।
जकर हृदय जतए रहल
धसि पए ततहि जाए।
जअओ जतने बान्धि निरोधिअ
निमन नीर समाए।।

(b) नाव अरि लाब नहि, उतरक दाब नहि,
एक बुद्धि आब नहि, सागर अपारमे।
वीर अरि नहि सङ्ग एकगोट नहि,
लङ्का लघुकोट नहि विदित संसारमे।
दनुज अबल नहि, पुरी गम्य थल नहि
प्रदेश अमल्ल नहि युद्धक विचारमे।।
अहाँक समान महि, वीर हनुमान नहि,
सर्व्वस्व दान नहि तूल उपकारमे।।

(c) पत्नी पश्च पाण्डवक, द्रुपद-सुपुत्रि,
पति-प्राणा, कुलवधू कुरुक, सुकुमारि
रति-लज्जाकर जनिकर अनुपम रूप,
पति-अज्ञात-वाससँ छथि असहाय,
जनि सुन्दर-सुविशाल-रसाल-सनाथ-
मालति, कुसुम-भार-नत, जकर सुगन्धि
लए-लए पवन करए जनमन आनन्द,
नियति-क्रमहि पाबए दुस्सह आघात
झंझानिलक, ओअए आश्रय द्रुम-नष्ट
शतशत मधुकर जत लुबुधल मधु-लोभ
भए असहाय सहए पशुपदक प्रहार,
कण्टकमय तृण-सङ्कुल भूमि लोटाए।
एहि विधि कृष्णा हतभागा सुकुमारि
मत्स्येशक अन्तःपुर कएल प्रवेश।

(d) परम मेधावी कते बालक जत'
मूर्ख रहि हा गायटा चराबैत छथि
कते वाचस्पति कते उदयन जत
हाय! बनगोइठा बिछैत फिरैत छथि
तानसेन कतेक रवि वर्मा कते
घास छीलथि वाग्मतीक कछेड़मे
कालिदास कतेक विद्यापति कते
छथि हेड़ाएल महिसबारक हेड़मे

अन ने छै केँचा ने छै कौड़ी ने छै
गरीबक नेना कोना पढ़तैक रे?
उठह कवि, ताँ दहक ललकारा कने
गिरि-शिखर-पर पथिक-दल चढ़तैक रे।।

(e) "कान पाथिकेँ सुनब पहर भरि।
गाबथु प्रौढ़ा लोकनि मलार।।
भीजब हम भरिपोख पहर भरि
बदरा बरसओं मूसलाधार।।
चोभव राढ़ी आम भइईया,
सलहेसक हम करब सिङ्गार
बिसहाराक गहबर ओगरब गऽ
देखब गऽ लाबाक पथार,
सूपक मूप उझिलता अइखन
पाछाँ बरू भऽ जेता देखार,
कान पाथि के सुनब प्रहरि भरि।
गाबथु प्रौढ़ा लोकनि मलार।।"

2. (a) 'मिथिला भाषा रामायण'क 'सुन्दरकाण्ड'मे चित्रित विरहिणी सीताक मनोदशाक वर्णन करू। 30

(b) 'चित्रा'क नामकरणक सार्थकता पर विचार करू। 30

3. (a) "सरस जीवनक मधुर गायक महाकवि विद्यापति सौन्दर्योपासक कवि छथि" - एहि कथनक समीक्षा करू। 30

(b) गोविन्ददासक कवित्व शक्तिक विवेचन करू। 30

4. (a) मैथिली पद्यसाहित्यक विकासमे 'कृष्णजन्म'क स्थान निरूपित करू। 30

(b) आधुनिक मैथिली कविताक प्रमुख प्रवृत्तिसँ परिचय कराउ। 30

खण्ड-ख

5. निम्नलिखित गद्यांशक अभिव्यंजनागत ओ कथ्यगत वैशिष्ट्यकेँ निर्दिष्ट करैत सन्दर्भ-सहित व्याख्या करू।

(उत्तर अधिकतम 150 शब्दमे दातव्य) 12×5=60

(a) पूर्णिमाक चान्द अमृत पूरल अइसन मुह। श्वेत पङ्कजकाँ दल भ्रमर वसियल अइसन आँषि। काजरक कल्लोल अइसन भञुहागथले फुले नर्म्मदाक शलाका

पूजल अइसन षोम्पा। कनिअराक कर अइसन नाक। सीन्दुर मोति लोटाएल अइसन दान्त। वेतक साट अइसन बाँह। पारिजातक पल्लव अइसन हाथ। विकसित स्थलपद्म अइसन चरण।

(b) चाहे मीमांसाक कर्मकांड हो वा योगक अष्टांग साधन हो वा वेदान्तक ब्रह्मज्ञान हो, सभीक मूलमे एक्के भावना काज करैत छैक-भविष्यमे महत्तम आनन्दक प्राप्ति। केओ स्वर्गक स्वप्न देखैत छथि, केओ अमरत्वक कल्पना करैत छथि, केओ निरतिशय सुख चाहैत छथि। मोक्ष, कैवल्य, निर्वाण-सभक एके तत्त्व छैक-आनन्दलिप्सा। साधक-गण चाहै छथि जे एहि जीवनमे अधिकसँ अधिक फीस दऽ कऽ स्वर्ग वा मोक्षक बीमा करा ली। और एहि वणिक बुद्धिकेँ 'धर्म' कहल जाइत अछि।

(c) घरक हाइ-कमाण्ड एखन धरि इएह रहय। अइ टोकमे कोनो तेहन शक्ति रहैक जकरा नेनहिसँ मानबाक संस्कार जमि गेल रहैक। कोनो अनट-विनट काज करैत काल, कोनो अनुचित करैत काल इएह टोक नेनासँ सुनने रहय। आ तकर बाद फेर आगाँ किछु कहबाक आ कि करबाक साहस कहियो ने होइक। आइयो न भेलैक। नवीन पौरुषक दर्प उतरि गेलैक। हठात् घोर लज्जा घेरि लेलकै। माइक सोझाँ अपन पौरुषक प्रदर्शनसँ बड़ संकोच भेलै। धस्स दऽ बैसि गेल।

(d) जे व्यक्ति अपने कोनो जोगरक नै रहैए सैह समांजक आ कुलशीलक नाक झंडामे टङ्ने फिरैए आ जकरा अपन बाँहिक भरोस रहै छै से घर- परिवार वा समाजक बोझ नै बनिकऽ अपने हाथ-पयर लाड़ब पसिन्द करैए। .... जखन बैसल बेटा मायो-बापकेँ नै सोहाइत छैक, आन किए ककरो गरा लगोतैक। अहाँकेँ गौंआसभक ओहि ठाम पेट पोसऽमे मर्यादा देरवाइत अछि आ हमरा एहन जीवन मरणतुल्य बुझाइत अछि।

(e) मुदा किछुक क्षणक वार्त्तालापमे ई बूझ'मे भाङठ नहि रहल जे उदास मुँहवाली एहि स्त्रीमे किछु से विशेषता अछि जे अनकामे नहि छैक। ई साधारण स्त्री जकाँ जे नीक भानस कर'मे .... पतिक सेवा कर'मे .... सासुक फज्झति सून'मे .... उपनयन-विवाहमे जोर-जोरसँ गीत गाब'मे, दुर्गास्थान, सिमरिया, वैद्यनाथक प्रचण्ड धक्का सह'मे जीवन सार्थक बुझैछ, ... नहि छथि। फुलपरासवाली हमर ई भौजी किछु विशिष्ट अवस्से।

6. **(a)** किरणजीक 'मधुरमति' कथाक समीक्षा करू। 30

(b) 'लोरिक विजय' मणिद्मक विलक्षण कृति अछि - युक्तियुक्त प्रतिपादन करू। 30

7. **(a)** नाट्यकलाक दृष्टिसँ 'भफाइत चाहक जिनगी'क विशेषता देखाउ। 30

(b) "पृथ्वीपुत्र' कोनो वर्गविशेष अथवा समाज विशेषक नहि अपितु मानवजातिक मूलभूत भावना ओ वासनाक चित्र उपस्थित करैत अछि।" - सयुक्ति विवेचन करू। 30

8. **(a)** "खट्टर कका अपन भांगक तरंगमे चुटकी बजबैत उनटे गंगा बहा दैत छथि" - 'खट्टर ककाक तरंग'क आलोकमे एहि उक्तिक सार्थकता सिद्ध करू। 30

(b) "कवि राजकमलकेँ लोक बिसरि जाएत, मुदा कथाकार राजकमल मैथिली साहित्यक क्षेत्रमे अमर रहताह" - एहि कथन पर विचार करू। 30

■■

Civil Services Mains Exam - 2011

मैथिली (साहित्य) प्रश्नपत्र - 1

निर्धारित समय : तीन घंटे **अधिकतम अंक : 300**

प्रश्न-पत्र विषयक विशेष निर्देश

प्रश्नक उत्तर लिखबाक पूर्व कृपया निम्नलिखित निर्देशकेँ सावधानीपूर्वक पढ़ि लियऽ

- एतय दू खण्ड (Section)मे विभक्त कुल आठ प्रश्न अछि।
- अभ्यर्थी कुल पाँच प्रश्नक उत्तर देथि।
- प्रश्न संख्या 1 तथा प्रश्न संख्या 5 अनिवार्य अछि। शेष प्रश्नमेसँ तीन प्रश्नक उत्तर लिखू, जाहिमे प्रत्येक खण्ड (Section)सँ कम-सँ-कम एक प्रश्नक चयन आवश्यक अछि।
- प्रश्न/खण्डक निर्धारित अंक ओकरा समक्ष निर्दिष्ट कयल गेल अछि।
- उत्तर मैथिलीमे लिखब अनिवार्य अछि।
- जतय निर्दिष्ट हो, शब्द-सीमाक अनुपालन अपेक्षित अछि।
- उत्तरित प्रश्नक गणना क्रमानुसार कयल जायत। यदि काटल नहि गेल हो, तँ अंशतः लिखित उत्तरोकेँ गणना कयल जायत। प्रश्न-सह-उत्तर पुस्तिकाक कोनो रिक्त-पृष्ठ अथवा कोनो पृष्ठक रिक्त भागकेँ अवश्य काटि दी।

खण्ड-क

1. निम्नलिखित लिखू (शब्द-सीमा 200 सँ अधिक अपेक्षित नहि): 20×3=60

(a) मैथिली क्रियाक भाव-भेद

(b) मैथिली भाषाक विविध रूप

(c) राजेश्वर झाक भाषावैज्ञानिक कृति

2. (a) पूर्वाञ्चलीय भाषाक संग मैथिलीक सम्बन्ध पर प्रकाश दिअ। 30

(b) मध्यकालीन मैथिली भाषाक स्वरूप पर विचार करू। 30

3. (a) भाषाक पारिवारिक वर्गीकरणसँ परिचय कराउ। 30

(b) मैथिली सर्वनामक प्रमुख विशेषताक विवेचन करू 30

4. (a) मैथिली भाषाक विकासमे अवहट्टक योगदानक मूल्यांकन करू 20

(b) मैथिली भाषाक इतिहासमे ग्रियर्सनक भूमिका निरूपित करू। 20

(c) व्याकरणक दृष्टिसँ मैथिली भाषाक विशेषता देखाउ। 20

खण्ड-ख

5. निम्नलिखित लिखू (शब्द-सीमा 200 सँ अधिक अपेक्षित नहि): 20×3=60

(a) मैथिली साहित्यक सामाजिक पृष्ठभूमि

(b) आधुनिक मैथिली कविताक प्रमुख प्रवृत्ति

(c) हरिमोहन झाक 'खट्टर ककाक तरंग'

6. (a) मैथिलीक प्रमुख समालोचना साहित्यसँ परिचय कराउ। 20

(b) मैथिली एकांकी नाटकक संक्षिप्त रूपरेखा प्रस्तुत करू। 20

(c) मैथिली शैव साहित्यक विवेचना करू। 20

7. (a) विद्यापतिकालीन सामाजिक परिस्थिति पर प्रकाश दिअ। 20

(b) मैथिली साहित्यक विकासमे अभिनन्दनग्रन्थक योगदान देखाउ। 20

(c) आसामक 'अंकीया नाट'क महत्त्वक प्रतिपादन करू। 20

8. (a) मैथिली साहित्यक आदिकालीन सामग्री पर प्रकाश दिअ। 20

(b) आधुनिक मैथिली कथा साहित्यमे सामाजिक चेतना पर विचार करू। 20

(c) मैथिली साहित्यक विकासमे वैद्यनाथमिश्र 'यात्री'क योगदानक मूल्यांकन करू। 20

■■

Civil Services Mains Exam - 2011

मैथिली (साहित्य) प्रश्नपत्र - 2

निर्धारित समय : तीन घंटे **अधिकतम अंक : 300**

प्रश्न-पत्र स्पष्ट निर्देश

प्रश्नक उत्तर लिखबासँ पूर्व कृपया निम्नलिखित निर्देशकेँ सावधानीपूर्वक पढ़ि लिअ:

- एतय दू खण्ड (Section) मे विभक्त कुल आठ प्रश्न अछि।
- अभ्यर्थी कुल पाँच प्रश्नक उत्तर देथि।
- प्रश्न संख्या 1 तथा प्रश्न संख्या 5 अनिवार्य अछि। शेष प्रश्नमेसँ तीन प्रश्नक उत्तर लिखू, जाहिमे प्रत्येक खण्ड (Section) सँ कमसँ कम एक प्रश्नक चयन आवश्यक अछि।
- प्रश्न/खण्डक निर्धारित अंक ओकरा समक्ष निर्दिष्ट कयल गेल अछि।
- उत्तर मैथिली (देवनागरी लिपि) मे लिखब अनिवार्य अछि।
- जतय निर्दिष्ट हो, शब्द-सीमाक अनुपालन अपेक्षित अछि।
- उत्तरित प्रश्नक गणना क्रमानुसार कयल जायत। यदि काटल नहि गेल हो तँ अंशत: लिखित उत्तरक गणना सेहो कयल जायत। प्रश्न-सह-उत्तर पुस्तिकाक कोनो रिक्त-पृष्ठ अथवा कोनो पृष्ठक रिक्त भागकेँ अवश्य काटि दी।

खण्ड-क

1. निम्नलिखित अवतरणक भावकेँ स्पष्ट करैत एकर काव्य-वैशिष्ट्यकेँ निर्दिष्ट कए सप्रसंग व्याख्या करू (उत्तर अधिकतम 200 शब्दमे दातव्य): 20×3=60

(a) अभियान करक अछि आइ शक्ति-संचय हित
अभियान हमर सत्पथ पर दृढ़ निश्चय हित
दानवताकेँ निर्मूल करय भूतलसँ
अभियान हमर ई निज शक्तिक परिचय हित।

(b) अनल अनिल बम मलयज बीख
जे छल सीतल से भेल तीख।
चान्द सन्ताबए सविताहु जीनि।
नहि जीवन एकमत भेल तीनि।।
किछु उपचार न मानए आन।
एहि बेआधि अथिक पचवान।।

(c) पाबि पराभव जे बैसथि कर जोड़ि
करइत अपन सहन शक्तिक व्यहार
पौरुष तनिक सिरजि बहुविध सन्ताप
होइछ व्यर्थ यथा यौवन विधवाक।

(d) बनिञाँ-लीडर-अफसर तीन त्रिमूर्ति,
क' रहला अछि अपन मनोरथ पूर्ति।
अपना लए सभ अनका हेतु बङौर,
तइपर फाटन्हि रहि-रहि कतै बुकौर।

2. **(a)** 'सुन्दर-काण्ड'क आधार पर कवीश्वर चन्दा झाक काव्य-सौष्ठवक विवेचना करू। 30

(b) "कवीश्वर चन्दा झा अपन रामायणक रचना आध्यात्म रामायणक आधार पर कएल, ओ से मूलसँ ततेक अधिक मिलैत अछि जे एकरा अधिकांशत: आध्यात्म रामायणक अनुवाद कही तँ दोष नहि" -एहि कथनक सत्यता प्रमाणित करू। 30

3. **(a)** सामाजिक कुचक्रमे पिसाइत नारीक मनोवैज्ञानिक अन्तर्द्वन्द्वकँचित्रित करएमे 'यात्री' जी अत्यंत संवेदनशील छथि- 'चित्रा'क आधार पर एहि उक्तिक समीक्षा करू। 30

(b) तन्त्रनाथ झा-द्वारा रचित 'कीचक-वध' महाकाव्यक आधार पर हुनक काव्य-प्रतिभाक परिचय दिअ। 30

4. **(a)** 'कृष्ण-जन्म' महाकाव्य अछि - प्रमाणित करू। 30

(b) भाव भाषा ओ काव्य-सौष्ठव तीनू दृष्टिएँ गोविन्ददासक रचना नारिकेल फसलसम्मतक रसास्वादन करबैछ-एहि उक्तिक समीक्षा करू। 30

खण्ड-ख

5. टिप्पणी गद्यांशक अभिव्यंजनागत ओ कथ्यगत वैशिष्ट्यकेँ निर्दिष्ट करैत सन्दर्भ-सहित व्याख्या करू (उत्तर अधिकतम 200 शब्दमे दातव्य): 20×3=60

(a) भाषाक विकासो तँ सरकारेक कर्त्तव्य छैक। जतेक सहयोगक आश हमरा लोकनि सरकारसँ करैत छी की तकर दसमांसो पूरा भेल? कतेको बहुमूल्य ग्रंथ लिखल राखल अछि, तकरा दिवार खा रहल छै। एकर प्रकाशनक व्यवस्था होयबाक चाही कि नै? ताहि लेल सरकार की कऽ रहल अछि।

(b) असलमे धरती जोतनिहारक थिक। हरबाह थिक जे धरतीक असल बेटा थिक। जे अपन पसेनासँ धरती-माताकेँ पूजै अछि। कएदिन देखलहक अछि मालिककेँ अपन पसेनासँ धरती-माताक पूजा करैत? देखलहक सरकारी कानून त' जरूर सोचि विचारक' बनै छैक ने। बटीदारक नामे खाता कि

सिकमी–खाता खोलबाक कानून जरूर कोनो इनसाफसँ बनल हेतैक। हम सभ निपढ़ दी तइँ भने नै बुझियै, मगर ई सोचबाक चाही जे सब कानूनक पाछाँ कोनो निसाफ जरूर रहै छैक।

(c) महादेव त्रिलोचन छलाह। हमरो लोकनि त्रिलोचन छी। तेसर आँखिसँ केवल अनकरक छिद्रटा सुझैत अदि। महादेव नीलकण्ठ रहथि। हमरो लोकनिक कण्ठमे केहन विष रहैत अछि से दूगोटाक विवाद भेला पर प्रत्यक्ष देखि लैह। महादेवक छाती पर साँप लोटाइत रहैन्हि। हमरो लोकनिकेँ स्वजातीय अभ्युदय देखि छाती पर साँप लोटाय लगैत अछि।

6. (a) 'लोरिक विजय' उपन्यास लोक संघर्षक सप्राण दस्तावेज अछि - एहि कथनक सार्थकता सिद्ध करू। 30

(b) 'खट्टर–ककाक तरंग'क माध्यमसँ लेखक सामाजिक कुप्रथा पर व्यंगात्मक रूपसँ प्रहार कएलन्हि अछि–स्पष्ट करू। 30

7. (a) "जीबैत रहब पहिने जरूरी छैक संसारमे, तखन लोक–लाज, नीक–बेजाय" प्रस्तुत वाक्य–खण्डक आलोकमे 'पृथ्वीपुत्र' उपन्यासक तर्कसंगत समीक्षा करू। 30

(b) 'भफाइत चाहक जिनगी'मे लेखकक की अभिप्राय छन्हि –युक्तियुक्त विवेचन करू। 30

8. (a) पठित अंशक आधार पर कतोक समीक्षक द्वारा 'वर्ण रत्नाकर'केँ 'वर्णन रत्नाकर' कहबाक औचित्यक समीक्षा करू। 20

(b) मैथिली साहित्यमे राजकमल चौधरीक योगदानक चर्चा करू। 20

(c) मैथिली साहित्यक विकासमे वैद्यनाथमिश्र 'यात्री'क योगदानक मूल्यांकन करू। 20

Civil Services Mains Exam - 2010

मैथिली (साहित्य) प्रश्नपत्र - 1

निर्धारित समय : तीन घंटे **अधिकतम अंक : 300**

प्रश्न-पत्र विषयक विशेष निर्देश

प्रश्नक उत्तर लिखबाक पूर्व कृपया निम्नलिखित निर्देशकेँ सावधानीपूर्वक पढ़ि लियऽ

- एतय दू खण्ड (Section)मे विभक्त कुल आठ प्रश्न अछि।
- अभ्यर्थी कुल पाँच प्रश्नक उत्तर देथि।
- प्रश्न संख्या 1 तथा प्रश्न संख्या 5 अनिवार्य अछि। शेष प्रश्नमेसँ तीन प्रश्नक उत्तर लिखू, जाहिमे प्रत्येक खण्ड (Section)सँ कम-सँ-कम एक प्रश्नक चयन आवश्यक अछि।
- प्रश्न/खण्डक निर्धारित अंक ओकरा समक्ष निर्दिष्ट कयल गेल अछि।
- उत्तर मैथिलीमे लिखब अनिवार्य अछि।
- जतय निर्दिष्ट हो, शब्द-सीमाक अनुपालन अपेक्षित अछि।
- उत्तरित प्रश्नक गणना क्रमानुसार कयल जायत। यदि काटल नहि गेल हो, तँ अंशतः लिखित उत्तरोकेँ गणना कयल जायत। प्रश्न-सह-उत्तर पुस्तिकाक कोनो रिक्त-पृष्ठ अथवा कोनो पृष्ठक रिक्त भागकेँ अवश्य काटि दी।

खण्ड-क

1. निम्नलिखित कोनो तीन पर टिप्पणी लिखू: 20×3=60

(a) भाषाक वर्गीकरणक आधार

(b) प्राकृत ओ मैथिलीक सम्बन्ध

(c) मैथिलीक विभिन्न बोलीक परिचय

(d) मैथिली भाषाक क्षेत्रानुसार विभाजन

2. मैथिली भाषाक विकास-क्रम सँ परिचय कराउ। 60

3. मैथिली एवं उड़िया भाषाक सम्बन्धक विवेचना करू। 60

4. तिरहुता लिपिक उद्भव ओ विकासक रूपरेखा प्रस्तुत करू। 60

खण्ड-ख

5. निम्नलिखित कोनो तीन पर टिप्पणी लिखू: 20×3=60

(a) कीर्त्तनियाक विशेषता

(b) मैथिली साहित्यमे रामकाव्यक परम्परा

(c) मैथिली लोकगीत

(d) ज्योतिरीश्वरक वर्णरत्नाकर

6. विद्यापतिक परम्परा सँ की तात्पर्य? विवेचन करू। 60

7. मैथिली कथा-साहित्यक विकाससँ परिचय कराउ। 60

8. मैथिली साहित्यक काल-विभाजनक प्रसंग विभिन्न विद्वानक मतक समीक्षा करू। 60

Civil Services Mains Exam - 2010

मैथिली (साहित्य) प्रश्नपत्र - 2

निर्धारित समय : तीन घंटे **अधिकतम अंक : 300**

प्रश्न-पत्र स्पष्ट निर्देश

प्रश्नक उत्तर लिखबासँ पूर्व कृपया निम्नलिखित निर्देशकेँ सावधानीपूर्वक पढ़ि लिअ:

- एतय दू खण्ड (Section) मे विभक्त कुल आठ प्रश्न अछि।
- अभ्यर्थी कुल पाँच प्रश्नक उत्तर देथि।
- प्रश्न संख्या 1 तथा प्रश्न संख्या 5 अनिवार्य अछि। शेष प्रश्नमेसँ तीन प्रश्नक उत्तर लिखू, जाहिमे प्रत्येक खण्ड (Section) सँ कमसँ कम एक प्रश्नक चयन आवश्यक अछि।
- प्रश्न/खण्डक निर्धारित अंक ओकरा समक्ष निर्दिष्ट कयल गेल अछि।
- उत्तर मैथिली (देवनागरी लिपि) मे लिखब अनिवार्य अछि।
- जतय निर्दिष्ट हो, शब्द-सीमाक अनुपालन अपेक्षित अछि।
- उत्तरित प्रश्नक गणगा क्रगानुसार कयल जायत। यदि काटल नहि गेल हो तँ अंशत: लिखित उत्तरक गणना सेहो कयल जायत। प्रश्न-सह-उत्तर पुस्तिकाक कोनो रिक्त-पृष्ठ अथवा कोनो पृष्ठक रिक्त भागकेँ अवश्य काटि दी।

खण्ड-क

1. निम्नलिखित कोनो तीन अवतरणक सप्रसंग व्याख्या प्रस्तुत करैत ओहिमे सन्निहित भाव आ ओकर काव्यगत वैशिष्ट्यके स्पष्ट करू (उत्तर अधिकतम 200 शब्दमे दातव्य): 20×3=60

(a) अगमने प्रेम गमने कुल जाएत
चिन्ता पँक लागलि करिणी
मञे अबला दह दिस भमि झाखओ
जनि व्याध डरे भीरु हरिणी।।
चन्दा दुरजन गमन विरोधक
उगल गगन भरि बैरि मोरा।।
कुहु भरमे पथ पद आरोपल
आए तुलाएल पंचदशी
हरि अभिसार मार उदबेजक
कञो निबारब कुमत ससी।।

(b) सुइ लय बेधिअ गाँथिअ ताग।
हाथ छुबिअ तओ हाथहि लाग।।
गरजि सघन घन बरिसय बारी।
तैँ फनिपति फनादेलन्हि पसारी।।
लागल झड़ी भुलल सब दीग।
पशु पच्छी सब परल अदीग।।
सूर्य सुधारक खोजलौँ ने पाबिअ।
कमल कुमुद निसि बासर जानिअ।।

(c) आम्र सुकानन पनसोद्यान। सुभग सुशीतल छायावान।।
सुभग पवित्रित प्रचुर तड़ागा। निर्मल वारि अमृतसन लाग।।
धेनु बकेन वत्सुयुत गाय। झुण्ड झुण्ड देखल रघुराय।।
अति अपूर्व शोभा विस्तार। धर्म-निरत सभ शुद्धाचार।।
वन-उपवन मुनि आश्रम सहिता। मंजुल बंजुल दूषण-रहित।।

(d) दशरथ रथ सँ पथ प्रशस्त जत परम पुरुष अवतार।
रामराज्य आदर्श उपस्थित विश्व-शासनक सार।।
मैथिली पति-भक्ति एतहि भरतक भ्रातृत्व अनूप।
सौमित्रिक चारित्र्य चित्र सँ जगमग कीर्त्ति-स्तूप।।
चरण पखारथि भक्ति-भाव सँ सरयू पावन नीर।
वन-उपवन फल फूल चढ़ावथि डोलबथि चमर समीर।।
ईति-भीति नहि एको व्यापित रोग-शोक नहि रंच।
प्रजा धर्मपथ चलथि स्वयं, ने केनिओ कपट प्रपंच।।

2. "कवीश्वर चन्दा झा 'मिथिला भाषा रामायण' में छन्दक विविधता ओ लोकोत्तिक विलक्षणताक संगहि वर्णसक चित्ताकर्षक छवि प्रस्तुत कयने छथि' - एहि कथन पर विचार करू।" 60

3. "रसना रोचन श्रवण-विलास, रचइ रुचिर पद गोविन्ददास।"
एहि पंक्तिक आलोकमे गोविन्ददासक काव्य-सौन्दर्यक निरूपण करू। 60

4. लोकमुखी शब्दावलीक प्रयोग द्वारा साहित्यक आत्मीयता एवं व्यापकताकेँ दृढ़ करबामे प्रगतिवादी यात्रीक 'चित्रा' सर्वाधिक लोकप्रिय भेल अछि-सयुक्ति विवेचन करू। 60

खण्ड-ख

5. निम्नलिखित कोनो तीन गद्यांशक सन्दर्भित व्याख्या प्रस्तुत करैत ओहिमे निहित अभिव्यंजनागत ओ कथ्यगत विशेषता पर प्रकाश दिअ। (उत्तर अधिकतम 200 शब्दमे दातव्य): 20×3=60

(a) कँपैत हाथ सँ अलमुनियमक पचकलहा बाटी उठा क- रेजकी गनलक। अद्धन्नी आ पाइ मिला क- सबा तीन आना। देबालमे सटलि, जाड़ँ थर-थर करैत छौंड़ी दिस बिन तकनहि, बुढ़िआ बाजलि - "पिरथी सँ दया-धरम उठि गेलइ ... एगो पइसो दइमे मोह होइ हइ लोकके त गरीब भखमङ्गा कोना जीउतह .... छौंड़ी घुसकि क' नानीक देहमे सटि गेलि। तेहेन ने कटकटीऔ बसात चलैत छलइए। तखन, बुढ़िआ कहुना ठेंगा ध' क' उठलि। मुदा तुरन्ते ने तेहेन सन-सन करैत पछबा उठलैक जे बुढ़िया पाकल आम जकाँ धप्पसँ खसि पड़लि। विस्त्र शरीरक गत्र-गत्र पछबा बेध लगलैक।"

(b) भोजने सँ प्रकृति बनैत छैक। चाली माटि खा कऽ माटिल भेल रहैत अछि। साँप बसात पीबि कऽ फनकैत अछि। साहेब सभ डबल रोटी खा कऽ फुलल रहैत अछि। मुर्गा खेनिहार मुर्गा जकाँ लड़ैत अछि। औ हम सभ साग-भाँटा खा क साग-भाँटाभेल छी। हमरालेकनि भक्त (भात)क प्रमी थिकहुँ, तँ एक दोसरा सँ विभक्त रहैत छी। ताहू पर की त द्विदल (दालि)क योग भेले ताकय! तखन एक दल भऽ कऽ कोना रहि सकैत छी?

(c) जँ आइ सभ नवयुवकक लक्ष्य नोकरियेटा भऽ गेलैए तँ सभतरि निराशक वातावरण बनि गेल छै। चाही ई जे नोकरीयाकेँ एक साधन बूझल जाय। जेना ई संसार अनन्त अछि त तहिना साधनो असीमित छैक। मोनकेँ एके खुट्टासँ बन्हबे रहब मनुक्खक मर्यादाकेँ आ ओकर सामर्थ्यकेँ अपमान करब थिक।

(d) कुमुद' कुन्द' कदम्ब' कास' भास कैलास' कर्प्पूर पीयूषक कानित प्रसारी सन' क्षीरसमुद्रक दक्षिणानिले चालल तरङ्गक लहरी अइसन अमृतक सरोवर तरङ्गक सहोदर सन शरतक पर्णिमाचान्दक ज्योत्सना अइसन, अभिनव प्रकाशित कमलकोष प्रसारि शोभासन, कन्दर्प्पक दर्प्पप्रकाशन सन, त्रैलोक्यक नागरजन युवजन हृदयमोहन मन्त्रसन, स्वेद, स्तम्भ, रोमाञ्च, कम्प, ववर्ण्य, अश्रु, प्रलय इ ये आठओ सात्विक भाव ताक भण्डार सन।

6. "राजकमल मैथिली कथाक शब्द-शब्दमे नवीनता ओ प्रयोगधर्मिताक झलक देखबैत छथि, जेहने भाव-वस्तुमे, तेहने अभिव्यक्तिमे।" एहि उक्तिक समीक्षा करू। 60

7. "हरिमोहन झा व्यंग्यकेँ विधाक मान्यता प्रदान करबैत दार्शनिक चिन्तनक संगहि लेखकीय पांडित्यक परिचय देबामे पूर्ण सफल भेल छथि।" - खट्टर ककाक तरंग'क आलोकमे एहि कथन पर विचार करू। 60

8. मैथिली भाषा-साहित्यक आदि गद्य-ग्रंथ 'वर्णरत्नाकर' काव्य नहि काव्योपयोगी ग्रंथ तँ अछिये संगहि एहिं सँ मध्यकालीन मिथिलाक सामाजिक-सांस्कृतिक परी. स्थितिक परिचय प्राप्त होइत अछि - युक्तियुक्त विवेचन करू। 60

■■

Civil Services Mains Exam - 2009

मैथिली (साहित्य) प्रश्नपत्र - 1

निर्धारित समय : तीन घंटे | **अधिकतम अंक : 300**

प्रश्न-पत्र विषयक विशेष निर्देश

प्रश्नक उत्तर लिखबाक पूर्व कृपया निम्नलिखित निर्देशकेँ सावधानीपूर्वक पढ़ि लियऽ

- एतय दू खण्ड (Section)मे विभक्त कुल आठ प्रश्न अछि।
- अभ्यर्थी कुल पाँच प्रश्नक उत्तर देथि।
- प्रश्न संख्या 1 तथा प्रश्न संख्या 5 अनिवार्य अछि। शेष प्रश्नमेसँ तीन प्रश्नक उत्तर लिखू, जाहिमे प्रत्येक खण्ड (Section)सँ कम-सँ-कम एक प्रश्नक चयन आवश्यक अछि।
- प्रश्न/खण्डक निर्धारित अंक ओकरा समक्ष निर्दिष्ट कयल गेल अछि।
- उत्तर मैथिलीमे लिखब अनिवार्य अछि।
- जतय निर्दिष्ट हो, शब्द-सीमाक अनुपालन अपेक्षित अछि।
- उत्तरित प्रश्नक गणना क्रमानुसार कयल जायत। यदि काटल नहि गेल हो, तँ अंशतः लिखित उत्तरोकेँ गणना कयल जायत। प्रश्न-सह-उत्तर पुस्तिकाक कोनो रिक्त-पृष्ठ अथवा कोनो पृष्ठक रिक्त भागकेँ अवश्य काटि दी।

खण्ड-क

1. निम्नलिखित कोनो तीन पर टिप्पणी लिखू: 20×3=60

(a) भाषाक आकृतिकमूलक वर्गीकरण

(b) संस्कृत ओ मैथिलीक सम्बन्ध

(c) मैथिलीक विविध बोली

(d) मैथिली ओ भोजपुरी

2. मध्यकालीन मैथिली भाषाक स्वरूपक विवेचन करू। 60

3. मैथिली क्रियापदक विशेषताक विवेचन करू। 60

4. भारोपीय भाषापरिवारमे मैथिलीक स्थान निरूपित करू। 60

खण्ड-ख

5. निम्नलिखित कोनो तीन पर टिप्पणी लिखू: 20×3=60

(a) मैथिली साहित्यमे कृष्णकाव्य

(b) नेपालक मैथिली नाटक

(c) मैथिलीक लोक-साहित्य

(d) कवीश्वर चन्दा झाक रामायण

6. विद्यापतिक बहुमुखी प्रतिभाक विवेचन करू। 60

7. मैथिली पत्रकारिताक विकास सँ परिचय कराउ। 60

8. आदिकालीन मैथिली साहित्यक अध्ययन सामग्री पर प्रकाश दिअ। 60

Civil Services Mains Exam - 2009

मैथिली (साहित्य) प्रश्नपत्र - 2

निर्धारित समय : तीन घंटे **अधिकतम अंक : 300**

प्रश्न-पत्र स्पष्ट निर्देश

प्रश्नक उत्तर लिखबासँ पूर्व कृपया निम्नलिखित निर्देशकेँ सावधानीपूर्वक पढ़ि लिअ:

- एतय दू खण्ड (Section) मे विभक्त कुल आठ प्रश्न अछि।
- अभ्यर्थी कुल पाँच प्रश्नक उत्तर देथि।
- प्रश्न संख्या 1 तथा प्रश्न संख्या 5 अनिवार्य अछि। शेष प्रश्नमेसँ तीन प्रश्नक उत्तर लिखू, जाहिमे प्रत्येक खण्ड (Section) सँ कमसँ कम एक प्रश्नक चयन आवश्यक अछि।
- प्रश्न/खण्डक निर्धारित अंक ओकरा समक्ष निर्दिष्ट कयल गेल अछि।
- उत्तर मैथिली (देवनागरी लिपि) मे लिखब अनिवार्य अछि।
- जतय निर्दिष्ट हो, शब्द-सीमाक अनुपालन अपेक्षित अछि।
- उत्तरित प्रश्नक गणना क्रमानुसार कयल जायत। यदि काटल नहि गेल हो तँ अंशत: लिखित उत्तरक गणना सेहो कयल जायत। प्रश्न-सह-उत्तर पुस्तिकाक कोनो रिक्त-पृष्ठ अथवा कोनो पृष्ठक रिक्त भागकेँ अवश्य काटि दी।

खण्ड-क

1. निम्नलिखित कोनो तीन अवतरणक सप्रसंगक व्याख्या प्रस्तुत करैत ओहिमे सन्निहित भाव आ ओकर काव्यगत वैशिष्टयकेँ स्पष्ट करू (उत्तर अधिकतम 200 शब्दमे दातव्य) : 20×3=60

(a) पुतना तरूअर काली नाग, एत दिन से बड़अजगुत लाग। एहि बेर संसार लाग बिसेखी कृष्णक जनम अमानुष लेखी। के ई थिकाह ककर अवतार संसय बसभेल सकल गोअर। संसय अन्त कोनहु नहिं पाओल तखन कृष्ण पुन मोहनि लगाओल।

(b) फुल जे गमकैत वन वनमे लुटाबै अछि सुरभि-घट खिलखिता क जे हँसे अछि भव-भवन-भरमे ह्रदइय सँ। भ्रमर जे गुंजन करै अछि, गीत गाबै अछि विहंगम, मगन-तन नर्त्तन कलापी जे करै अछि चिर-प्रणय सँ।।

(c) कुल-वैभवच रूचि वयस चरित आचरित तुल दुहू कुमार सुकुमार बुझाइछ एक तरूक दुइ फूल।। मधु माधव जनु नभ नभस्य जनु तप तपस्य जनु युग्म। एक ऋतुक दुइ मास प्रकृति गुण समगम किछु मृदु-तिग्म।।

(d) कहलनि नीतिशास्त्र-अनुसार। चारक वध नहि अछि व्यवहार। दूत बेचारा मारल जयत। रामचन्द्र सौं युद्ध न हयत। अंकित हयता कहता जाय। राखक नहि थिक दूत बझाक।। नीति विभीषण कहलहूँ नीक। मानल वचन सदर्थ अहींक।।

2. "लालदासक' रमेश्वर-चरित मिथिला रामयण'- मैथिली राम काव्य परम्पराक विकासमे बहुविधि कारणँ अत्यंत महत्वपूर्ण अछि।"' 'बालकाण्ड' के आधार पर लालदासक काव्य-सौष्ठवक विवेचन करैत एहि कथनक समीक्षा करू। 60

3. "गोविन्ददासक काव्य शृंगारपरक होइतहु समष्टिरूपें भक्तिभावक अभिव्यक्ति थिक।" 'गोविन्ददास भजनावली'क पठित अंशक आधार पर एहि उक्तिक समीक्ष करैत अपन स्वतंत्र विचार प्रगट करू। 60

4. "चित्रा से शब्दचित्रक द्वारा परिस्थित व्यक्ति ओ मिथिलाक नारीक समस्याक चित्रण व्यक्त भेल अछि।" 'चित्रा'क नामकरणक सार्थकता प्रमाणित करैत एहि उक्तिक समीक्षा करू। 60

खण्ड-ख

5. निम्नलिखितमे सँ कोनो तीन गद्यांशक संदर्भ व्याख्या करैत ओहिमे सनिहित विचार आ काव्यगत विशेषताकेँ स्पष्ट करू (उत्तर अधिकतम 200 शब्दमे दातव्य): $20\times3=60$

(a) मउगीक जिनगी महाग विचित्र होइत छैक। ओकरा नीको मोन पड़ै छै आ अध लाहो मोन पड़ैत छैक। ओइ दिन मोन होअय जे भने ओकर गट्ठा तोड़ि दितही। मगर फेर जखन पंचमे ओकरा जबाव भेटलै त कहाँदन ओ बड़ हिचकी-हिचकी क' कनै। आब सोचै छियैजे जो जेहन छैक ओकर कोनो दोख ने। हमहूँ जेहन छी तइमे हमरो कोनो दोख ने।

(b) कोनो प्रियतमा अपना प्रेमक लेल नहि कनइए। कनइय केवल कन्या। कनइए केवल कनइए केवल कन्या-कन्या अपन मायक स्तर सँ झरैत दूधक निर्झरक लेल, मायक हृदयसँ झरैत स्नेह-वात्सल्यक निर्झरक लेल। आ माय? आ मदालसा? मदालसा एहिना बेटीकेँ ओछान पर सूतलि छोड़ि अन्हार रातिमे, साओन-भादोक बरखामे अभिसारिका बन' चलि जाइत अछि।

(c) सुगियाक आँखि नोरा गेल छलैक। एक भिनसर सँ फिरीसान भ' क -बिछने छलि, आ से एक मिनटक ककरो चंठपनीमे नाश भ- गेलैक। ओ हतप्रभ भेलि ठाढ़ि छलि, ओकर मुँह दयनीयता सँ भरल छलैक। ओकर करूण मुँह देखि सभक मन दु:खी छलैक। दु:खक ओहि धरातलके फोड़ि क बहार भेलैक तामस, आक्रोश आ गारि जे स्वाभाविक छलैक, जे निर्बलक प्रतिकारक साधन छलैक।

(d) ओ दूनू धारमे स्नान कए घूरि रहल छलैक। लगइ जेना धरती पर दूटा चान उतरि आएल हो। बड़की जेना भिनसरबाक चान हो आ छोटकी सेंझुका। लगअ जेना दूटा कमल छवि छिरिया रहल हो बड़की जेना फूलडालीमे राखल उदास सरोरूह आ छोटकी जेना सरोवमे डोलैत अर्द्धविकसित सरसिज।

6. 'कथा-संग्रह'क आधार पर एहि तथ्यकेँ विवेचित-विश्लेषित करू जे- "आधुनिक मैथिली कथा समकालीन सामाजिक, आर्थिक विसंगति पर विभिन्न तरहे चोट करैत अछि।" 60

7. "'लोरिक विजय' उपन्यासमे मिथिलाक माटि-पानि आ संस्कारक संपूर्ण सौन्दर्य ओ सौरभ उद्‌भाषित भ उठल अछि।" एहि उक्तिक समीक्षा करैत 'लोरिक विजय'क औपन्यासिक वैशिष्ट्य पर प्रकाश दिअ। 60

8. "कुचक्र फँसल देह आ मोनक यथावत उपस्थापन राजकमलक कथाक निजता अछि।" कृति राजकमलक'क आधार पर एहि कथनक सम्यक् मूल्यांकन करैत मैथिलीक कथाकारक रूपमे राजकमल चौधरीक योगदानक विश्लेषण करू। 60

■■

Civil Services Mains Exam - 2008

मैथिली (साहित्य) प्रश्नपत्र - 1

निर्धारित समय : तीन घंटे **अधिकतम अंक : 300**

प्रश्न-पत्र विषयक विशेष निर्देश

प्रश्नक उत्तर लिखबाक पूर्व कृपया निम्नलिखित निर्देशकेँ सावधानीपूर्वक पढ़ि लियऽ

- एतय दू खण्ड (Section)मे विभक्त कुल आठ प्रश्न अछि।
- अभ्यर्थी कुल पाँच प्रश्नक उत्तर देथि।
- प्रश्न संख्या 1 तथा प्रश्न संख्या 5 अनिवार्य अछि। शेष प्रश्नमेसँ तीन प्रश्नक उत्तर लिखू, जाहिमे प्रत्येक खण्ड (Section)सँ कम-सँ-कम एक प्रश्नक चयन आवश्यक अछि।
- प्रश्न/खण्डक निर्धारित अंक ओकरा समक्ष निर्दिष्ट कयल गेल अछि।
- उत्तर मैथिलीमे लिखब अनिवार्य अछि।
- जतय निर्दिष्ट हो, शब्द-सीमाक अनुपालन अपेक्षित अछि।
- उत्तरित प्रश्नक गणना क्रमानुसार कयल जायत। यदि काटल नहि गेल हो, तँ अंशत: लिखित उत्तरोकेँ गणना कयल जायत। प्रश्न-सह-उत्तर पुस्तिकाक कोनो रिक्त-पृष्ठ अथवा कोनो पृष्ठक रिक्त भागकेँ अवश्य काटि दी।

खण्ड-क

1. निम्नलिखित कोनो तीन पर टिप्पणी लिखू: 20×3=60

(a) मैथिली भाषाक आदिकालीन स्वरूप **(b)** मध्ययुगीन मैथिलीक उपभाषा

(c) भारोपीय परिवार **(d)** छिका-छिकी एवं पूर्वी मैथिली

2. मैथिली भाषाक विकासक रूपरेखाकेँ प्रस्तुत करू। 60

3. अपभ्रंश एवं मैथिलीक सम्बन्धकेँ विवेचना करू। 60

4. असमिया एवं मैथिलीक सम्बन्धकेँ स्पष्ट करू। 60

खण्ड-ख

5. निम्नलिखित कोनो तीन पर टिप्पणी लिखू: 20×3=60

(a) चर्यारूपद **(b)** कीर्तनिआ नाच छल वा नाटक?

(c) नैका बनिजारा **(d)** स्वातंत्र्योत्तर मैथिली कविताक प्रवृत्ति

6. 'वर्णरत्नाकर'क साहित्यिक महत्त्व पर प्रकाश दिअ। 60

7. 'विद्यापतिक युग मैथिली साहित्यक स्वर्णयुग छल'- एहि कथनक समीक्षाक करू। 20×3=60

8. आधुनिक मैथिली साहित्यक निर्माणमे कवीश्वर चन्दा झाक सेवाक मूल्यांकन करू। 20×3=60

Civil Services Mains Exam - 2008

मैथिली (साहित्य) प्रश्नपत्र - 2

निर्धारित समय : तीन घंटे **अधिकतम अंक : 300**

प्रश्न-पत्र स्पष्ट निर्देश

प्रश्नक उत्तर लिखबासँ पूर्व कृपया निम्नलिखित निर्देशकँ सावधानीपूर्वक पढ़ि लिअ:

- एतय दू खण्ड (Section) मे विभक्त कुल आठ प्रश्न अछि।
- अभ्यर्थी कुल पाँच प्रश्नक उत्तर देथि।
- प्रश्न संख्या 1 तथा प्रश्न संख्या 5 अनिवार्य अछि। शेष प्रश्नमेसँ तीन प्रश्नक उत्तर लिखू, जाहिमे प्रत्येक खण्ड (Section) सँ कमसँ कम एक प्रश्नक चयन आवश्यक अछि।
- प्रश्न/खण्डक निर्धारित अंक ओकरा समक्ष निर्दिष्ट कयल गेल अछि।
- उत्तर मैथिली (देवनागरी लिपि) मे लिखब अनिवार्य अछि।
- जतय निर्दिष्ट हो, शब्द-सीमाक अनुपालन अपेक्षित अछि।
- उत्तरित प्रश्नक गणना क्रमानुसार कयल जायत। यदि काटल नहि गेल हो तँ अंशत: लिखित उत्तरक गणना सेहो कयल जायत। प्रश्न-सह-उत्तर पुस्तिकाक कोनो रिक्त-पृष्ठ अथवा कोनो पृष्ठक रिक्त भागकँ अवश्य काटि दी।

खण्ड-क

1. निम्नलिखित कोनो तीन पद्यांशक सप्रसंग व्याख्या करैत ओहिमे सन्निहित काव्यक विशेषताकँ स्पष्ट करू। 20×3=60

(a) अनल अनिल बम मलअज बीख जे छल सीतल से भेल तीख।। चान्द सन्ताबए सविताहु जीनि नहि जीवन एकमत भेल तीनि।। किछु उपचार न मानए आने एहि बेआधि आथिक पचवान।।

(b) कयल प्रणाम अनेक बेर कपि पर्वत पर चढ़ि गेला।।
योजन तीश प्रमाण उच्चगिरि समभूमिक सम भेला।।
पर्वत वायु वेगसँ महितल दबि गेला तत्काले।
सागर तरथि घोर धुनि करइत धर्म्मक शोर पताले।।

(c) जयतु भारती-भारत वाणी कल्याणी जय देवि।
पद-पदार्थ हित-कृतहु, समस्त समर्थ अहिद पद डेबि।।
जयतु सभ्यता संस्कृति-वाहिनी दाहिनि कवि सुरधेनु।
सरस्वती रसवती भरथु स्वर दत्त-वती पद वेनु।।

(d) कोकिल अग्रदूत ऋतुराजक बैसि मधुमय कुसुम-पुर सहाकारक डारि करइछ समुद्र तनिक शुभ स्वागत गान। करइछ कल गुंजन अलिवृन्द कुसुम-रेणु बह शीतल मलय-समीर। जीतए त्रिभुवन कएल मदन अभियान प्रबल सुसज्जित ऋतुपति सेना सांग।

2. 'कीचक-वध' मे महाकवि तंत्रनाथ झा वर्णन-विस्तारक लेल अपन सूक्ष्म दृष्टिक परिचय देने छथि, संगहि एकहि महाकाव्यमे ओ अपन प्रांजल भाषाक प्रयोगक लेल सेहो चिरस्मरणी रहताह। तर्कसंगत उत्तर दिअ। 60

3. 'दत्त-वती' महाकाव्यक संदर्भमे कहलगेल प्रस्तुत कथनक सार्थकता सिद्ध करू जे – "व्यक्ति समाज, राष्ट्र ओ अन्तर्राष्ट्रर्का वृहत्तर क्षितिज पर संगठित ई कृतिरत्न समग्र आधुनिक भारतीय भाषाक शिरोमुकुट थिक।" 60

4. "शोषित वर्गक दर्दसँ भीजल मनप्राणजन्य अभिव्यक्ति वैद्यनाथ मिश्र 'यात्री'क काव्य सर्जनाक आत्मा अछि।" एहि कथनक संदर्भमे 'यात्री'क काव्यगत वैशिष्टयकेँ रूपायित करू। 60

खण्ड-ख

5. निम्नलिखित कोनो तीन गद्यांशक संदर्भ सहित व्याख्या करैत ओहिमे निहित अभिव्यंजनागत ओ कथ्यगत विशेषता पर प्रकाश दिअ: 20×3=60

(a) अस्तु 1 समयक स्वभाव थिकैक ओ पैघसँ पैघ शोककेँ लुप्त करबाक प्रयास करत। परन्तु हृदयक कोमल पट पर स्मृति जे अपन छाप गड़ा दैत छैक से हँटितो-हँटितो अपन किछु-ने-किछु अंश छोड़िये जाइत छैक।

(b) एहिठाम त चाणक्यक नामो हमरा सभक भाषामे घुलि-मिलि क भाववाचक शब्द गेल अछि। देखअ मैथिलीमे एकटा शब्द प्रयुक्त होइछ-चानकि। जेना हुनका तेहन चानकि कालक्रमे 'चाकि' बनि गेल। जेना – "अहाँकेँ एहि बातक चाँर्कि (ध्यान) रहत चाही।" ई दूनू शब्द और कोनोटा भाषामे नहि भेटतौह। एहिसँ की सिद्ध होइत अछि।

(c) देवीजी, ओ प्राय: अहाँक पति, छथि आ तेँ स्वभाविक जे अहाँके हुनकर सभकिछु नीक लागय मुदा पैसा आ पदक आगाँ ओ अपन मैथिलत्व छोड़ि देने छथि। अहाँ दूनू गोटेक गप्पसँ हमरा सैह बूझि पड़ल अछि।

(d) मुदाएना जें मउगीक मोनसँ भेले त सभक बहु-भागि जयतै। आ फेर नै अओतै पलटि क। बाज एत ककराघरमे ककर बेगति ने दुख-सुख कटै छै। हम त कहै छियै जे मउगीक मोन परसँ बनहेज हँटा लौक त ककरो घरमे बेगति ने टिकतै। ई किएक ने जेतैये छेंउड़िया? एकर एतेक मजाल। तखन समाजी की रहि जयतैक।

6. "मार्मिक संवदेनशीलताकेँ मनोवैज्ञानिक विश्लेषण संग कथाक माध्यमसँ व्यक्त करब मनमोहन झाक कथा लेखनक विशेषता छन्हि।" 'झगड़ा' कथाक संदर्भमे एहि कथनक समीक्षा करू। 60

7. "लोरिकानिक जाज्वल्यमान स्वकीया नायिका छथि सती मांजरि जनिक उपरूप सौन्दर्य शील आ स्त्रीत्वक गरिमा मिथिलाक सीताक परम्पराक पूर्ण प्रतिनिधित्व करैत अछि।" तर्कसंगत उत्तर दए एहि कथनक सत्यता प्रमाणित करू। 60

8. "शेखर जीक नाटक मैथिली रंगमंचके एकटा नव दिशा देलक, ओकरा ठमकल गतिसँ उबारि गतिशील कयलक आ नाटककार तथा निर्देशकक बीचक दूरीके कम करबामे सफल भेल" एहि वाक्यांशक संदर्भमे 'भफाइत चाहक जिनगी' नाटकक समीक्षा करू। 60

■■

Civil Services Mains Exam - 2007

मैथिली (साहित्य) प्रश्नपत्र - 1

निर्धारित समय : तीन घंटे **अधिकतम अंक : 300**

प्रश्न-पत्र विषयक विशेष निर्देश

प्रश्नक उत्तर लिखबाक पूर्व कृपया निम्नलिखित निर्देशकेँ सावधानीपूर्वक पढ़ि लियऽ

- एतय दू खण्ड (Section)मे विभक्त कुल आठ प्रश्न अछि।
- अभ्यर्थी कुल पाँच प्रश्नक उत्तर देथि।
- प्रश्न संख्या 1 तथा प्रश्न संख्या 5 अनिवार्य अछि। शेष प्रश्नमेसँ तीन प्रश्नक उत्तर लिखू, जाहिमे प्रत्येक खण्ड (Section)सँ कम-सँ-कम एक प्रश्नक चयन आवश्यक अछि।
- प्रश्न/खण्डक निर्धारित अंक ओकरा समक्ष निर्दिष्ट कयल गेल अछि।
- उत्तर मैथिलीमे लिखब अनिवार्य अछि।
- जतय निर्दिष्ट हो, शब्द-सीमाक अनुपालन अपेक्षित अछि।
- उत्तरित प्रश्नक गणना क्रमानुसार कयल जायत। यदि काटल नहि गेल हो, तँ अंशतः लिखित उत्तरोकेँ गणना कयल जायत। प्रश्न-सह-उत्तर पुस्तिकाक कोनो रिक्त-पृष्ठ अथवा कोनो पृष्ठक रिक्त भागकेँ अवश्य काटि दी।

खण्ड-क

1. निम्नलिखित कोनो तीन पर टिप्पणी लिखू: 20×3=60

(a) अवहट्ट ओ मैथिली

(b) मैथिली ओ बंगलाक सम्बन्ध

(c) भाषा ओ बोली में अंतर

(d) आधुनिक मैथिली भाषाक विशेषता

2. भारोपीय भाषा परिवार में मैथिलीक स्थान निरूपित करू। 60

3. मध्यकालीन भारतीय आर्यभाषासँ परिचय कराउ। 60

4. मैथिली भाषाक सर्वनामक विशेषता पर प्रकाश दिअ। 60

खण्ड-ख

5. निम्नलिखित सँ कोी तीन पर टिप्पणी लिखू: 20×3=60

(a) मैथिली साहित्यमे रामकाव्य

(b) मैथिली समालोचनाक विकासमे प्रो. झाक योगदान

(c) मैथिली साहित्यक इतिहासमे काल विभाजन

(d) मैथिली एकांकीक विकासक्रम

6. विद्यपतिक कृतिक सामान्य परिचय दिअ। 60

7. मैथिली मुक्तक काव्यक विकाससँ परिचय कराउ। 60

8. मैथली उपन्यास साहित्यक यात्राक्रम पर निबंध लिखू। 60

Civil Services Mains Exam - 2007

मैथिली (साहित्य) प्रश्नपत्र - 2

निर्धारित समय : तीन घंटे **अधिकतम अंक : 300**

प्रश्न-पत्र स्पष्ट निर्देश

प्रश्नक उत्तर लिखबासँ पूर्व कृपया निम्नलिखित निर्देशकेँ सावधानीपूर्वक पढ़ि लिअः

- एतय दू खण्ड (Section) मे विभक्त कुल आठ प्रश्न अछि।
- अभ्यर्थी कुल पाँच प्रश्नक उत्तर देथि।
- प्रश्न संख्या 1 तथा प्रश्न संख्या 5 अनिवार्य अछि। शेष प्रश्नमेसँ तीन प्रश्नक उत्तर लिखू, जाहिमे प्रत्येक खण्ड (Section) सँ कमसँ कम एक प्रश्नक चयन आवश्यक अछि।
- प्रश्न/खण्डक निर्धारित अंक ओकरा समक्ष निर्दिष्ट कयल गेल अछि।
- उत्तर मैथिली (देवनागरी लिपि) मे लिखब अनिवार्य अछि।
- जतय निर्दिष्ट हो, शब्द-सीमाक अनुपालन अपेक्षित अछि।
- उत्तरित प्रश्नक गणना क्रमानुसार कयल जायत। यदि काटल नहि गेल हो तँ अंशतः लिखित उत्तरक गणना सेहो कयल जायत। प्रश्न-सह-उत्तर पुस्तिकाक कोनो रिक्त-पृष्ठ अथवा कोनो पृष्ठक रिक्त भागकेँ अवश्य काटि दी।

खण्ड-क

1. निम्नलिखित कोनो तीन पद्यांशक सप्रसंग व्याख्या करैत ओहिमे सन्निहित काव्यगत विशेषता केँ स्पष्ट करू: 20×3=60

(a) कि आरे नव जीवन अभिरामा। जत देखल तत कहहि न पारिअ छओ अनुपम एक ठाम। हरिन इन्दु अरविन्द करिणि हेम पिक बूझब अनुमानी। नयन वदन परिमल गति तनरूचि अंओ सुतलित वानी।।

(b) दुखु क्षितिज सँ इन्दुक लाक समान सत्सयराजक पुर सँ अन्तःपुर सँ बहराय के थिक सुन्दरी सुर रमणी अनुरूप जाइत राजपथिह एकसरि सुकुमारि गत चकोर नयनि निज-पद-चन्द्र बद्ध दृष्टि, गजगामिनी! किअ मुखकन्ज अछि एहन विवर्ण, किअ-विदुम कान्ति अधर स्फुरित संकुरित कुटिल भ्रू पक्षम, छुटइछ अन्तवर्ज्वाल पूर्ण निःश्वास।

(c) सजनी कान्ह से वरजु भुजंग। से मोर हृदय चन्दन रुह लागत भागल धरम-विहंग।। काजर तिमिर भरम जुन तुन रूचि निवसय कुंज कुटीर। वंशि निश्वास मधुर विष उद्‌गर गति अति कुटिल सुधीर।।

(d) दशमुख वनिता वृन्दक सङ्ग आयल कज्जल गिरिवर रङ्ग। विष भुज लोचन दश गोट मुण्ड। सह सह सङ्ग राक्षसी झुण्ड।। अति विस्मित मन कह हनुमान। देखल सुनइत छलहुँ से कान। रहला दुमदल दबकि नुकाय। अछि आगाँ कर्त्तव्य उपाय। कर विचार रावण मन अपन। पूर्व रात्रि जे देखल सपना मन मे ज्ञान अपार अभिमान। चकमक भीतर आगि समान।।

2. पठित अंशक आधार पर सिद्ध करू जे महाकवि विद्यापति, रसिके नहि अपितु रससिद्ध कवि भए गेलाह अछि। 60

3. 'कीचक-वध' मैथिली भाषा-साहित्यक महाकाव्ये नहि अपितु आधुनिकता-बोधक अवबोधपूर्ण छंदविधान-शैली-प्रयोग-मार्ग मे एक नवीन प्रमाण थिक। विवेचना करू। 60

4. मनबोधक कृष्णजन्म कृष्ण चरितपरक प्रबंध काव्य नहि, अपितु मैथिली भाषाक सहज संस्कारकर प्रयोगधर्मिताक पुनरुत्थान थिक। विवेचना करू। 60

खण्ड-ख

5. निम्नलिखित सँ कोनो तीन गद्यांशक सप्रसंग व्याख्या करैत ओहि में सन्निहित विचार केँ निदर्शित करू। 20×3=60

(a) पूर्णिमाक चान्द अमृत पूरल अइसन मुह, श्वेत पंकज काँ दल भ्रमर बयिसल अइसन आँषि, काजराक कलोलि अइसन भञुह, गथले फूले नर्मदाक शलाका पूजल अइसन षोम्पा, परवाक् पल्लव अइसन, कानिअराक अइसन नाक, सिन्दुर मोति लोटायल अइसल दान्त, वेतक साट अइसन वाँह परिजातक पल्लव अइसन हाथ, छोलङ्ग छोलल अइसन पयोधयरा, कान्चि वरल अइसन (आङ्गक) वान।

(b) आ ओम्हर दिवानाथ बूढ़ा दारोगा साहेब केँ बुझा रहल छलनि मनुक्ख जे चाहय से क सकैत अछि। एहि ठाँ चीन केँ दखिऔक 'हांगहो' कोसिओ सँ भयानक रहैक। मुदा लाल क्रान्तिक दू बरखक बाद ओकरा सघन बान्ह सँ जकड़ि देलकैक, आ इ ओ 'हांगहो' चीनक वरदान छैक, अभिशाप नहि। आ दिवानाथक आँखि मे लाल चिनगीक तीक्ष्ण आ ज्वाला। भेल जे अमृत पुत्रक एहि ज्वाला मे कोसी भएम भ जयतीह। मुदा एक जोड़ा आँखिक चिनगी सँ नहि। लक्ष-लक्ष जोड़ाआँखिक अडोर सँ। हमराएकर चतुर्दिक एहन रक्तिम दाहक चिनगीक जाल बून पड़त।

(c) देखह, भोजन सँ प्रकृति बनैत छैक। चाली माँटि खाक माँटि खाक बनल रहैत अछि। साँप बसात पीबिकअ फनकैत अछि। साहेब सभ डबल रोटी खाक फुलल रहैत अछि। मुर्गा खेनिहार मुर्गा जकाँ लड़ैत अछि। आओर हम सभ साग-भाँटा खाक साग-भाटा भेल छी। हमरा लोकनि भक्त (भात)क प्रेमी

थिकहूँ, तँ एक दोसरा सँ विभक्त रहैत छी। ताहू पर की त द्विदल (दालि) क योग भेले ताकय। तखन एक दल भऽ कऽ कोना रहि सकैत छी?

(d) अहाँक जिनगी भफाइत चाह पर जीबाक लेल भले अहुछिया काटैत होअय, मुदा अहाँके भीतर मे ओ लोक बैसल अछि जे सभ तरहे महान कहयबाक अधिकारी अछि। ई हमर कोने छुच्छ सहानुभूति नै आ ने परतारबाक कोनो लौल अछि, ई भितरिया अनुभव अछि।

6. 'वर्णरत्नाकर' काव्ये नहि, काव्योपयोगी ग्रंथ अछि। पाठ्यअंशक आधार पर विवेचना करू। 60

7. राजकमलक कथा सभ 'अर्थ' ओ 'काम' समस्या पर आधारित मानवीय जीवनक यथार्थ-सत्य-के उजागर करैछ। विचार करू। 60

8. 'खट्टर ककाक तरंग' समाजक पीठ पर मारल ओ चाट थिक जे रंग भरल फोका कें द्योतित करैछ। विवेचना करू। 60

Civil Services Mains Exam - 2006

मैथिली (साहित्य) प्रश्नपत्र - 1

निर्धारित समय : तीन घंटे **अधिकतम अंक : 300**

प्रश्न-पत्र विषयक विशेष निर्देश

प्रश्नक उत्तर लिखबाक पूर्व कृपया निम्नलिखित निर्देशकेँ सावधानीपूर्वक पढ़ि लियऽ

- एतय दू खण्ड (Section)मे विभक्त कुल आठ प्रश्न अछि।
- अभ्यर्थी कुल पाँच प्रश्नक उत्तर देथि।
- प्रश्न संख्या 1 तथा प्रश्न संख्या 5 अनिवार्य अछि। शेष प्रश्नमेसँ तीन प्रश्नक उत्तर लिखू, जाहिमे प्रत्येक खण्ड (Section)सँ कम-सँ-कम एक प्रश्नक चयन आवश्यक अछि।
- प्रश्न/खण्डक निर्धारित अंक ओकरा समक्ष निर्दिष्ट कयल गेल अछि।
- उत्तर मैथिलीमे लिखब अनिवार्य अछि।
- जतय निर्दिष्ट हो, शब्द-सीमाक अनुपालन अपेक्षित अछि।
- उत्तरित प्रश्नक गणना क्रमानुसार कयल जायत। यदि काटल नहि गेल हो, तँ अंशत: लिखित उत्तरोकेँ गणना कयल जायत। प्रश्न-सह-उत्तर पुस्तिकाक कोनो रिक्त-पृष्ठ अथवा कोनो पृष्ठक रिक्त भागकेँ अवश्य काटि दी।

खण्ड-क

1. निम्नलिखितमे सँ कोनो तीन पर टिप्पणी लिखू। 20×3=60

(a) प्राचीन मैथिली विशेषता **(b)** मैथिली ओ उड़ियाक सम्बन्ध

(c) राष्ट्रभाषा ओ राजभाषामे अन्तर

(d) मागधी भाषा वर्गमे मैथिलीकेँ रखबाक औचित्य

2. मैथिलीक उद्भव और विकास पर प्रकाश दिअ। 60

3. तिरहुता लिपिक और विकास पर निबंध लिखू। 60

4. मैथिली क्रियापदक विशेषता पर विचार करू। 60

खण्ड-ख

5. निम्नलिखित सँ कोनो तीन पर टिप्पणी लिखू 20×3=60

(a) सिद्ध-साहित्य **(b)** 'यात्री' कवि वा उपन्यासकार

(c) मैथिली साहित्यमे कृष्णकाव्य **(d)** मैथिली लोकगीत

6. मैथिली साहित्यक विकासमे विद्यापतिक महत्त्वक विश्लेषण करू। 60

7. मैथिली नाटकक उद्भव ओ विकास पर निबंध लिखू। 60

8. मैथिली साहित्यक विकासमे पत्र-पत्रिकाक योगदानक उल्लेख करू। 60

Civil Services Mains Exam - 2006

मैथिली (साहित्य) प्रश्नपत्र - 2

निर्धारित समय : तीन घंटे **अधिकतम अंक : 300**

प्रश्न-पत्र स्पष्ट निर्देश

प्रश्नक उत्तर लिखबासँ पूर्व कृपया निम्नलिखित निर्देशकेँ सावधानीपूर्वक पढ़ि लिअः

- एतय दू खण्ड (Section) मे विभक्त कुल आठ प्रश्न अछि।
- अभ्यर्थी कुल पाँच प्रश्नक उत्तर देथि।
- प्रश्न संख्या 1 तथा प्रश्न संख्या 5 अनिवार्य अछि। शेष प्रश्नमेसँ तीन प्रश्नक उत्तर लिखू, जाहिमे प्रत्येक खण्ड (Section) सँ कमसँ कम एक प्रश्नक चयन आवश्यक अछि।
- प्रश्न/खण्डक निर्धारित अंक ओकरा समक्ष निर्दिष्ट कयल गेल अछि।
- उत्तर मैथिली (देवनागरी लिपि) मे लिखब अनिवार्य अछि।
- जतय निर्दिष्ट हो, शब्द-सीमाक अनुपालन अपेक्षित अछि।
- उत्तरित प्रश्नक गणना क्रमानुसार कयल जायत। यदि काटल नहि गेल हो तँ अंशतः लिखित उत्तरक गणना सेहो कयल जायत। प्रश्न-सह-उत्तर पुस्तिकाक कोनो रिक्त-पृष्ठ अथवा कोनो पृष्ठक रिक्त भागकेँ अवश्य काटि दी।

खण्ड-क

1. निम्नलिखितमे से कोनो तीन पद्यांशक प्रसंग व्याख्या करैत ओहिमे निहित काव्यगत विशेषताकेँ स्पष्ट करू। 20×3=60

(a) हा! रघुनाथ अनाथ जकाँ दशकण्ठधपुरी हम आइलि छी। सिंहक त्रास महानवमे हिरिणीक समान डराइलि छी। चन्द्र चकोरि अहिंक सदा हम शोक समुद्र समाइलि छी। देवर दोष कहू हम की अपना अपराध सँ काइलि छी।।

(b) क्षत्रिय पुत्ति वीर पत्नी कुलनारि निर्भय भए हम जाइत छी कीचक गेह। जे विभु कौरव सभ मध्य मम लाज राखल, जे प्रभु कएलन्हि ओहि विधि त्राण सिन्धुराजसँ से विभु निश्चिय आज भए सहाय रखताह धर्म अक्षुण्ण।

(c) दुर्मद दानव म्रियमान आइ माटिक कण कण सप्राण आइ नवरातंत्र मंत्र चिन्ताधारा नव सूर्य चन्द्र नवग्रह तारा सब कथुक भेल अछि पुनर्जन्म हे हरित भरित हे ललित भेस है छोट छीन सन हमर देश।

(d) सभ पुरुष शिखण्डी सभ स्त्री रासक राधा सभक मोनमे धनुष तानिकऽ बैसल रक्त-पियासल व्याधा कत जाउ? की करू? रावण बनि ककर सीताकेँ हरू?

2. भाषा एवं विषय दुनू दृष्टिसँ मनबोधक 'कृष्ण जन्म' नव युगकसूत्रपात कएलक-युक्तिपूर्वक स्पष्ट करू। 60

3. चन्दा झा एवं लालदासक रामायणक वैशिष्ट्य सभक तुलनात्मक विश्लेषण प्रस्तुत करू। 60

4. आधुनिक मैथिली कविताक समकालीन स्वरूप विवेचन-विश्लेषण करू। 60

खण्ड-ख

5. निम्नलिखित कोने तीन गंद्याशक संदर्भ सहित व्याख्या करैत ओहिमे निहित अभिव्यंजनगत विशेषता पर प्रकाश दिअ। 20×3=60

(a) ओ नीलगिरिक चलायमान श्रृंग जेकाँ लगैछ। ताल ठोकथि तअ गाछ-वृक्ष टुटि-टुटिकें खसए लाए। ठमसि कए चलथि त धरती काँपए लागए। हँसथि तँ लोककें मेघगर्जनक अनुमान होइक। ओ अपना हाथक खंडा घुमावथि तँ अनवरत सौदामिनीक भान होइक। छोट जन सावर लड़ैत मस्त सांढ़ सबकेँ तरहत्थी सँ ठेलिकए फराक कए देथि।

(b) गुण तँ अछिए : देखह : महादेव त्रिलोचन छलाह। हमरो लोकनि त्रिलोचन छी। तेसर आँखिसँ केवल अनकर छिद्रा सुझैत अदि। महादेव नीलंठ रहथि। हमरोलोकनिक कंठमे केहन विष रहैत अछि से दुगोआक विवाद भेला पर प्रत्यक्ष देखि लैह। महादेवक छाती पर साँप लोटाइत रहैन्ह। हमरो लोकनिकेँ स्वजातियक अभ्युदय देखि छाती पर साँप लोटाय लगैत अछि। महादेव त्रिशुलधारी रहथि। हमरोलोकनिकेँ अपना भाई-बन्धुक उत्कर्ष देखिम मस्तकशूल, हृदयशूल ओ उदरशूल ई तीनू प्रकारक शूल उत्पन्न भऽ जाइत अछि।

(c) बड़बढ़ियाँ। मुदा घर आङ्नक विलोवन कयने जाओ। फलांचली। अधलाह, धनिक-गरीब लोक होइते अयलैए। जइ घरमे माय-बाप दैत छैक तत हमहूँ एत्ते दिन बसबे कयलहुँ। भिखमंगाह बहु कहाक हम नहिं रहि सकै छी। चारि गोटेक पालन का पौरुष तँ हमरा अपने अछि। मधुरमनि काँखतरसँ बाहर क मोड़ि-मोड़ि हाथ मे लेलक आ डेग उठा देलक।

(d) सुकर्म आ अपकर्म करा कहै छै, से बुझबाक बुद्धि जँ अहाँ में रहैत तँ आइ अहाँकेँ हमरासँ वा हम अइ 'स्टॉल' सँ घृणा नहि होइत। एके टोकारापर लगले हमरा लग दौड़त आवितों ...... पुछितौं जे हमर व्यवसाय घाटामे चलि रहल अछि वा नफामे। अहाँ से कयलो नै आ तँ हम कहब जे अहाँ ने केवल समाजक, ने केवल आश्रम व परिवारक अपितु अहाँ अपना लेल भारे टा छी।

6. लोक गाथापर आधारित उपन्यास रचनाक पृष्ठभूमि से मणिपद्मक विशेष रचना-दृष्टि रहल अछि। लोरिक विजय उपन्यास आधार पर प्रमाणित करू। 60

7. राजकमलक कथा सभक प्रवृत्ति ओ शिल्पक विशेषता रेखांकित करू। 60

8.- 'पृथवीपुत्र' उपन्यास सामाजिक समस्याक आर्थिक ओ भावनात्मक दुनू पक्षकेँ उजागकर करैत ओकर समाधान सेहो देखबैत अछि-युक्तिपूर्वक विवेचना करू। 60

■■